書いて定着

アウトプ 用 集

中1英語 単語・読解・リスニング

もくじ

本書の特長と使い方

本書は，成績アップの壁を打ち破るため，
問題を解いて解いて解きまくるための
アウトプット専用問題集です。

＼ 次のように感じたことのある人はいませんか？ ／

☑ 授業は理解できる
➡ **でも問題が解けない！**

☑ あんなに手ごたえ十分だったのに
➡ **テスト結果がひどかった**

☑ マジメにがんばっているけれど
➡ **ぜんぜん成績が上がらない**

基本のページ

アウトプットに特化したスタイル

ストレスフリーでどんどん解ける！
問題を解いて解いて解きまくろう！

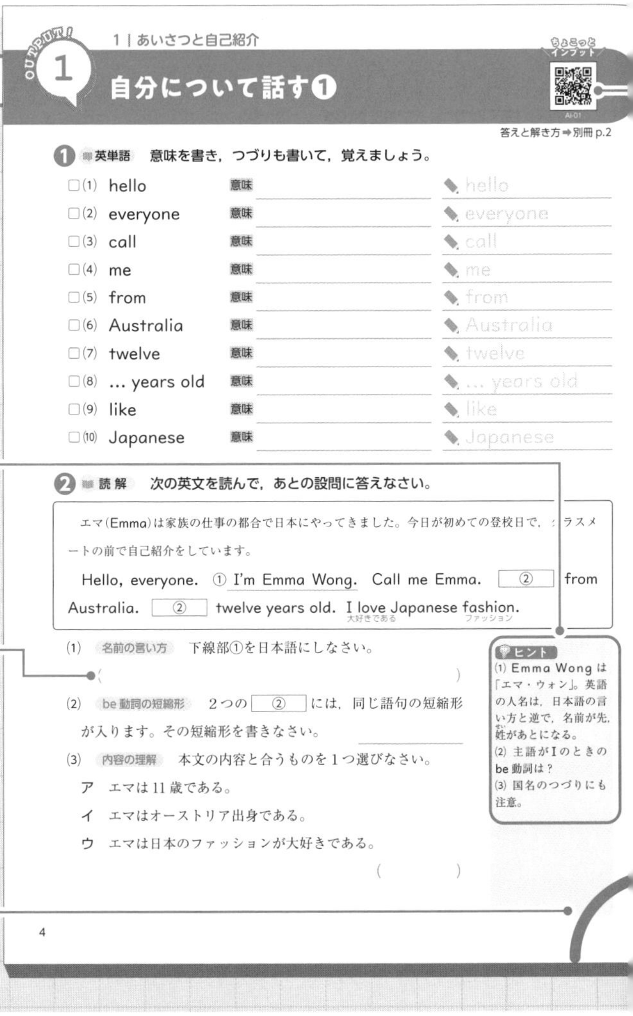
1 | あいさつと自己紹介

1 自分について話す❶

ちょこっとインプット AI-01

答えと解き方➡別冊 p.2

❶ 英単語　意味を書き，つづりも書いて，覚えましょう。

□(1) hello 意味　hello
□(2) everyone 意味　everyone
□(3) call 意味　call
□(4) me 意味　me
□(5) from 意味　from
□(6) Australia 意味　Australia
□(7) twelve 意味　twelve
□(8) ... years old 意味　... years old
□(9) like 意味　like
□(10) Japanese 意味　Japanese

❷ 読解　次の英文を読んで，あとの設問に答えなさい。

エマ(Emma)は家族の仕事の都合で日本にやってきました。今日が初めての登校日で，クラスメートの前で自己紹介をしています。

Hello, everyone. ① I'm Emma Wong. Call me Emma. [②] from Australia. [②] twelve years old. I love Japanese fashion.
（love：大好きである　fashion：ファッション）

(1) 名前の言い方　下線部①を日本語にしなさい。
(　　　　)

(2) be動詞の短縮形　2つの[②]には，同じ語句の短縮形が入ります。その短縮形を書きなさい。

(3) 内容の理解　本文の内容と合うものを1つ選びなさい。
ア　エマは11歳である。
イ　エマはオーストリア出身である。
ウ　エマは日本のファッションが大好きである。
(　　　　)

ヒント
(1) Emma Wong は「エマ・ウォン」。英語の人名は，日本語の言い方と逆で，名前が先，姓《せい》があとになる。
(2) 主語がIのときのbe動詞は？
(3) 国名のつづりにも注意。

4

単元はじめの問題にはヒントがあるからつまずかずにスイスイ解ける！

答えはすべて書き込める！

180°開く製本だから書き込みやすい！
手を離しても本が閉じない！

テストのページ

まとめのテスト

数単元ごとに設けています。
これまでに学んだ単元で重要なタイプの問題を掲載しているので，復習に最適です。点数を設定しているので，定期テスト前の確認や自分の弱点強化にも使うことができます。

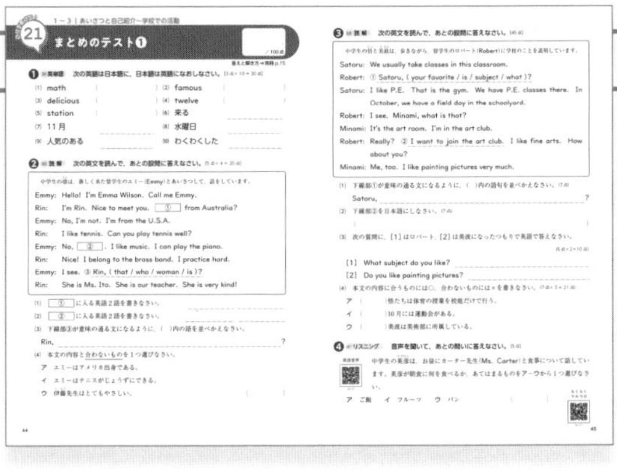
21 まとめのテスト❶

原因は実際に問題を解くという

アウトプット不足

です。

本書ですべて解決できます！

③ 読解　次の英文を読んで，あとの設問に答えなさい。

中学生になって初めての英語の授業。アメリカから来たスミス先生(Mr. Smith)が自己紹介をしています。

Hello, everyone. I'm James Smith. ① I'm your English teacher. Call me Mr. Smith. I'm [②] New York《ニューヨーク》, in America《アメリカ》. I'm twenty-eight years old. ③ I like Japanese food《食べ物》. I like sushi, soba and *okonomiyaki*. But《しかし》 [④] like *natto* very《とても》 much. I love Japanese sports《スポーツ》. I like karate《空手》.

(1) 下線部①を日本語にしなさい。
(　　　　　　　　)

(2) [②] に入る英語1語を書きなさい。　＿＿＿＿

(3) 下線部③を日本語にしなさい。
(　　　　　　　　)

(4) [④] に入る語句をア～ウから1つ選びなさい。
ア I'm　イ I'm not　ウ I don't　(　　)

(5) 本文の内容と合うものを1つ選びなさい。
ア スミス先生は27歳である。

＼英語音声／
リスニングの音声はこちら

(　　)

④ リスニング　音声を聞いて，あとの問いに答えなさい。

英語音声　AI-01

留学生のチャールズ(Charles)は，自己紹介で何と言いましたか。下の英文の＿＿に1語ずつ補って，文を完成させなさい。

I'm Charles Robinson.
＿＿＿＿ ＿＿＿＿ Charlie.

らくらくマルつけ　Aa-01

5

180°

スマホを使うサポートも万全！

＼ちょこっとインプット／
わからないことがあったら，QRコードを読みとってスマホやタブレットでサクッと確認できる！

＼らくらくマルつけ／
QRコードを読みとれば，解答が印字された紙面が手軽に見られる！
※くわしい解説を見たいときは別冊をチェック！

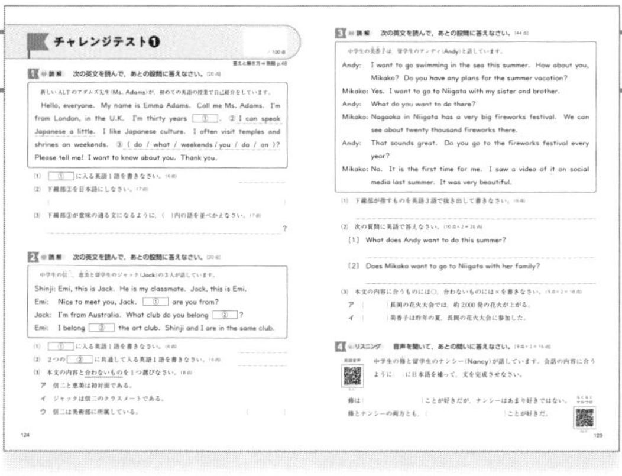

チャレンジテスト

巻末に2回設けています。
簡単な高校入試の問題も扱っているので，自身の力試しに最適です。
入試前の「仕上げ」として時間を決めて取り組むことができます。

●「ちょこっとインプット」「らくらくマルつけ」および「英語音声」は無料でご利用いただけますが，通信料金はお客様のご負担となります。●すべての機器での動作を保証するものではありません。●やむを得ずサービス内容に変更が生じる場合があります。● QR コードは(株) デンソーウェーブの登録商標です。

OUTPUT! 1

自分について話す❶

ちょこっとインプット
Ai-01

答えと解き方➡別冊 p.2

1 英単語　意味を書き，つづりも書いて，覚えましょう。

□(1)	hello	意味	hello
□(2)	everyone	意味	everyone
□(3)	call	意味	call
□(4)	me	意味	me
□(5)	from	意味	from
□(6)	Australia	意味	Australia
□(7)	twelve	意味	twelve
□(8)	... years old	意味	... years old
□(9)	like	意味	like
□(10)	Japanese	意味	Japanese

2 読 解　次の英文を読んで，あとの設問に答えなさい。

エマ(Emma)は家族の仕事の都合で日本にやってきました。今日が初めての登校日で，クラスメートの前で自己紹介をしています。

Hello, everyone. ① I'm Emma Wong. Call me Emma. [②] from Australia. [②] twelve years old. I love《大好きである》 Japanese fashion《ファッション》.

(1) 名前の言い方　下線部①を日本語にしなさい。

(　　　　　　　　　　　　　　　　　　　　)

(2) be 動詞の短縮形　2つの [②] には，同じ語句の短縮形が入ります。その短縮形を書きなさい。

____

(3) 内容の理解　本文の内容と合うものを1つ選びなさい。

ア　エマは11歳である。

イ　エマはオーストリア出身である。

ウ　エマは日本のファッションが大好きである。

(　　　　　)

ヒント

(1) Emma Wong は「エマ・ウォン」。英語の人名は，日本語の言い方と逆で，名前が先，姓《せい》があとになる。

(2) 主語がIのときのbe動詞は？

(3) 国名のつづりにも注意。

③ 読解　次の英文を読んで，あとの設問に答えなさい。

中学生になって初めての英語の授業。アメリカから来たスミス先生(Mr. Smith)が自己紹介をしています。

Hello, everyone. I'm James Smith. ① I'm your《あなたたちの》 English《英語の》 teacher《先生》. Call me Mr. Smith. I'm [②] New York《ニューヨーク》, in America《アメリカ》. I'm twenty-eight years old. ③ I like Japanese food《食べ物》. I like sushi, soba and *okonomiyaki*. But《しかし》 [④] like *natto* very《とても》 much. I love Japanese sports《スポーツ》. I like karate《空手》.

(1) 下線部①を日本語にしなさい。

(　　　　　　　　　　　　　　　　　　)

(2) [②] に入る英語1語を書きなさい。　＿＿＿＿＿＿

(3) 下線部③を日本語にしなさい。

(　　　　　　　　　　　　　　　　　　)

(4) [④] に入る語句をア～ウから1つ選びなさい。

ア I'm　　イ I'm not　　ウ I don't　　(　　　)

(5) 本文の内容と合うものを1つ選びなさい。

ア　スミス先生は27歳である。

イ　スミス先生はそばが好きである。

ウ　スミス先生は野球の大ファンである。　(　　　)

④ リスニング　音声を聞いて，あとの問いに答えなさい。

＼英語音声／

AI-01

留学生のチャールズ(Charles)は，自己紹介で何と言いましたか。下の英文の＿＿＿に1語ずつ補って，文を完成させなさい。

I'm Charles Robinson.

＿＿＿＿＿＿ ＿＿＿＿＿＿ Charlie.

らくらく
＼マルつけ／

Aa-01

OUTPUT! 2

自分について話す❷

ちょこっとインプット
Ai-02

答えと解き方➡別冊 p.2

❶ 英単語　意味を書き，つづりも書いて，覚えましょう。

□(1) music　意味 ＿＿＿＿　music
□(2) play　意味 ＿＿＿＿　play
□(3) have　意味 ＿＿＿＿　have
□(4) study　意味 ＿＿＿＿　study
□(5) piano　意味 ＿＿＿＿　piano
□(6) guitar　意味 ＿＿＿＿　guitar
□(7) baseball　意味 ＿＿＿＿　baseball
□(8) soccer　意味 ＿＿＿＿　soccer
□(9) dog　意味 ＿＿＿＿　dog
□(10) cat　意味 ＿＿＿＿　cat

❷ 読 解　次の英文を読んで，あとの設問に答えなさい。

交換留学生として日本にやって来たデイヴィッド(David)が，クラスメートの前で自己紹介をしています。

Hello, everyone. I'm David Taylor. ① (me / Dave / call). I'm from Canada《カナダ》. I [②] music very much. I play the piano and the guitar.

(1) あだ名の言い方　下線部①が意味の通る文になるように，(　)内の語を並べかえなさい。

＿＿＿＿＿＿＿＿＿＿＿＿＿＿＿＿.

(2) 好きなものの言い方　[②] に入る語をア～ウから1つ選びなさい。

ア am　イ like　ウ have　(　　　)

(3) 内容の理解　本文の内容と合うものを1つ選びなさい。

ア　デイヴィッドはアメリカ出身である。
イ　デイヴィッドはギターを弾く。
ウ　デイヴィッドはピアノを弾かない。　(　　　)

ヒント
(1) 「ぼくをデイヴと呼んでください」という意味になる。
(2) あとに続く語に注目。
(3) play「(楽器を)演奏する」

3 読 解　次の英文を読んで，あとの設問に答えなさい。

中学１年生の香《か》織《おり》は，初めての英語の授業でクラスメートたちに自己紹介をしています。

Hello, everyone. I'm Yamashita Kaori. I like English. ① I study English every day《毎日》. I'm a baseball fan《ファン》. ② But (baseball / I / play / don't). I [③] a dog and a cat. I like animals《動物》 very much.

(1) 下線部①を日本語にしなさい。

(　　　　　　　　　　　　　　　　　　)

(2) 下線部②が意味の通る文になるように，(　)内の語を並べかえなさい。

But ＿＿＿＿＿＿＿＿＿＿＿＿＿＿＿＿＿＿＿＿.

(3) [③] に入る語をア～ウから１つ選びなさい。

ア play　イ have　ウ call　(　　　)

(4) 本文の内容と合うものを１つ選びなさい。

ア 香織は英語が好きである。

イ 香織はバスケットボールファンである。

ウ 香織は動物が苦手である。　(　　　)

4 リスニング　音声を聞いて，あとの問いに答えなさい。

英語音声

AI-02

留学生のナンシー(Nancy)，マイク(Mike)，アン(Ann)の３人が自己紹介をします。それぞれの人物について合うものを，下のア～ウから１つずつ選びなさい。

(1) ナンシー　(　　　)

(2) マイク　(　　　)

(3) アン　(　　　)

ア サッカーが好きである。

イ 日本語を勉強する。

ウ 兄弟が１人いる。

らくらくマルつけ

Aa-02

OUTPUT! 3

相手にたずねる❶

ちょこっとインプット
Ai-03

答えと解き方➡別冊 p.3

❶ 英単語　意味を書き，つづりも書いて，覚えましょう。

□ (1)	yes	意味	yes
□ (2)	no	意味	no
□ (3)	America	意味	America
□ (4)	Canada	意味	Canada
□ (5)	football	意味	football
□ (6)	rugby	意味	rugby
□ (7)	student	意味	student
□ (8)	class	意味	class
□ (9)	fan	意味	fan
□ (10)	new	意味	new

❷ 読解　次の英文を読んで，あとの設問に答えなさい。

中学生の裕太《ゆうた》は，クラスの留学生であるカレン(Karen)に話しかけました。

Yuta: [①] you from America?

Karen: Yes, I am.

Yuta: [①] you a football fan?

Karen: [②], I'm not. I'm a baseball fan.

Yuta: Oh《ああ》, really《本当に》? Me, too《…も》.

(1) 出身などのたずね方　2つの [①] に共通して入る英語1語と，[②] に入る英語1語を書きなさい。

① ＿＿＿＿＿＿　② ＿＿＿＿＿＿

(2) 内容の理解　本文の内容と合うものを1つ選びなさい。

ア　カレンはオーストラリア出身である。

イ　カレンは野球ファンではない。

ウ　裕太は野球ファンである。　(　　　　)

ヒント

(1) ①主語が you のときの be 動詞は？

② I'm not と言っていることに注目。

(2) Me, too. は「私もです」という意味。

③ 読解　次の英文を読んで，あとの設問に答えなさい。

入学初日，中学１年生の奈美《なみ》は，廊下《ろうか》でミラー先生（Mr. Miller）に話しかけられました。

Mr. Miller: Hi《やあ》, are you a new student?

Nami: Yes, [①]. I'm Shirai Nami. I'm in Class 3. Nice to meet《はじめまして》 you.

Mr. Miller: I'm Daniel Miller. I'm an English teacher. Nice to meet you, too.

Nami: ② <u>Are you from Australia?</u>

Mr. Miller: No, I'm not. I'm from Canada.

Nami: Oh, I'm an ice hockey《アイスホッケー》 fan!

Mr. Miller: Good《よい》! I like ice hockey, too.

(1) [①] に入る英語２語を書きなさい。　______ ______

(2) 下線部②を日本語にしなさい。

(　　　　　　　　　　　　　　　　　　　　　　　　)

(3) 次の質問に，［1］は奈美，［2］はミラー先生になったつもりで英語で答えなさい。

［1］ Are you in Class 2?　______

［2］ Are you an English teacher?　______

(4) 本文の内容に合うものには○，合わないものには×を書きなさい。

ア（　　）ミラー先生はカナダ出身である。

イ（　　）奈美はアイススケートファンである。

ウ（　　）ミラー先生はアイスホッケーが好きである。

④ リスニング　音声を聞いて，あとの問いに答えなさい。

＼英語音声／

AI-03

太一《たいち》と留学生のソフィア（Sophia）が話しています。ソフィアは太一の質問に何と答えましたか。下の会話の______に１語ずつ補って，会話を完成させなさい。

Taichi: Sophia, are you a rugby fan?

Sophia: ______, ______ ______.

らくらく
＼マルつけ／

Aa-03

OUTPUT!

4 相手にたずねる②

ちょこっとインプット

Ai-04

答えと解き方➡別冊 p.3

❶ 英単語　意味を書き，つづりも書いて，覚えましょう。

□(1)	watch	意味	watch
□(2)	sometimes	意味	sometimes
□(3)	often	意味	often
□(4)	usually	意味	usually
□(5)	exciting	意味	exciting
□(6)	breakfast	意味	breakfast
□(7)	lunch	意味	lunch
□(8)	dinner	意味	dinner
□(9)	snack	意味	snack
□(10)	there	意味	there

❷ 読解　次の英文を読んで，あとの設問に答えなさい。

中学生の翔《しょう》は，休み時間に，クラスの留学生であるジム(Jim)に質問しています。

Sho: ① Do you watch TV《テレビ》, Jim?

Jim: Yes, I do. I sometimes watch rugby.

Sho: Good. Do you play rugby?

Jim: No, I ② do not. But rugby is an exciting sport.

(1) 動作のたずね方　(　)内を補って下線部①を日本語にしなさい。

(　　　　　　　　　　)，ジム。

(2) 「いいえ」の答え方　下線部②の短縮形を書きなさい。

____

(3) 内容の理解　本文の内容と合うものを１つ選びなさい。

ア　ジムはテレビを見ない。

イ　ジムはときどきラグビーの試合を見る。

ウ　ジムはラグビーはつまらないと思っている。

(　　　　)

ヒント

(1) watchは「見る」という意味。

(2) are notの短縮形がaren'tであることを思い出してみるとよい。

(3) sometimes「ときどき」

3 読 解　次の英文を読んで，あとの設問に答えなさい。

休みの日，留学生のケイト(Kate)が友だちの奈々《なな》と街を歩きながら話しています。

Kate: Nana, do you like fish《魚》?

Nana: Yes, [①]. I usually eat《食べる》 fish for《…に》 breakfast.

Kate: Wow《わあ》! I don't like fish.

Nana: Oh, how about《…はどうですか。》 meat《肉》? Do you like meat?

Kate: Not really《それほど…ではない》. I often eat pizza《ピザ》. I like pizza very much.

Nana: Me, too! Do you know《知っている》 the pizza parlor《ピザレストラン》 near《…の近くの》 the station《駅》?

Kate: Yes, [①]. I often eat pizza there.

Nana: I'm hungry《空腹の》. Let's《…しましょう。》 eat pizza there!

(1)　2つの [①] に共通して入る語句をア～ウから1つ選びなさい。

ア　I am　　イ　I do　　ウ　I don't　　(　　　)

(2)　次の質問に，[1] はケイト，[2] は奈々になったつもりで英語で答えなさい。

[1]　Do you like fish?　＿＿＿＿＿＿＿＿

[2]　Do you like pizza?　＿＿＿＿＿＿＿＿

(3)　本文の内容に合うものには○，合わないものには×を書きなさい。

ア　(　　　)奈々は朝食に肉を食べる。

イ　(　　　)ケイトは肉がそれほど好きではない。

ウ　(　　　)ケイトはよく駅の近くのピザレストランでピザを食べる。

4 リスニング　音声を聞いて，あとの問いに答えなさい。

英語音声

AI-04

大樹《だいき》と留学生のエリー(Ellie)が話しています。エリーは大樹の質問に何と答えましたか。下の会話の＿＿＿に1語ずつ補って，会話を完成させなさい。

Daiki: Ellie, do you have a cat?

Ellie: ＿＿＿＿＿＿, ＿＿＿＿＿＿ ＿＿＿＿＿＿.

らくらく
マルつけ

Aa-04

OUTPUT!

5 できることを伝える・たずねる①

ちょこっとインプット

Ai-05

答えと解き方➡別冊 p.4

① 英単語　意味を書き，つづりも書いて，覚えましょう。

□(1) can　意味 ＿＿＿＿　✎ can
□(2) just　意味 ＿＿＿＿　✎ just
□(3) in　意味 ＿＿＿＿　✎ in
□(4) gym　意味 ＿＿＿＿　✎ gym
□(5) library　意味 ＿＿＿＿　✎ library
□(6) well　意味 ＿＿＿＿　✎ well
□(7) brass band　意味 ＿＿＿＿　✎ brass band
□(8) art club　意味 ＿＿＿＿　✎ art club
□(9) trumpet　意味 ＿＿＿＿　✎ trumpet
□(10) enjoy　意味 ＿＿＿＿　✎ enjoy

② 読 解　次の英文を読んで，あとの設問に答えなさい。

中学生の陽菜《ひな》は，クラスの留学生であるメグ(Meg)とスポーツの話をしています。

Hina: I often play tennis《テニス》. ① Can you play tennis?

Meg: No, I can't. I just watch it《それを》. I play basketball《バスケットボール》. Can you play it?

Hina: Yes, [②]. I like tennis and basketball.

Meg: Nice!《すてきな，よい》 We can play basketball in the gym.

(1) できることのたずね方　下線部①を日本語にしなさい。

(　　　　　　　　　　　　)

(2) 「はい」の答え方　[②] に入る英語２語を書きなさい。

＿＿＿＿＿＿　＿＿＿＿＿＿

(3) 内容の理解　本文の内容と合うものを１つ選びなさい。

ア　陽菜はテニスをしない。

イ　メグはテニスを見る。

ウ　陽菜たちは体育館でバスケットボールができない。

(　　　　)

ヒント

(1) play は「(競技などを)する」という意味。

(2) Yes で答えていることに注目。

(3) できること・できないことに注意。

3 読解　次の英文を読んで，あとの設問に答えなさい。

休み時間，中学生の誠《まこと》は，留学生のアレックス(Alex)と話をしています。

Makoto: Do you like music, Alex?

Alex: Yes. ① I can play the piano.

Makoto: Great《すばらしい》. I like music, too. I'm in the brass band.

Alex: Wow! Can you play the trumpet?

Makoto: No, I can't. Our《私たちの》 classmate《クラスメート》 Risa can play it. I play the flute《フルート》 in the band. Do you play the piano in the music room《音楽室》?

Alex: No, I don't.

Makoto: You can play the piano ② there. Let's go《行く》 there!

Alex: Great! Thank you《ありがとう》, Makoto.

(1) 下線部①を日本語にしなさい。

(　　　　　　　　　　　　　　　　　　　　　　　　)

(2) 下線部②が指す場所を日本語で書きなさい。　(　　　　　　　　　　)

(3) 次の質問に答えるとき，＿＿＿に適する語を1語ずつ書きなさい。

Can Risa play the trumpet? — ＿＿＿＿＿, she ＿＿＿＿＿.

(4) 本文の内容と合うものを1つ選びなさい。

ア (　　　) 誠は音楽があまり好きではない。

イ (　　　) 誠は吹奏楽部の部員である。

ウ (　　　) 誠はフルートを演奏することができる。

4 リスニング　音声を聞いて，あとの問いに答えなさい。

英語音声

Al-05

ジョーンズ先生(Ms. Jones)が好一《こういち》に話しかけています。好一はジョーンズ先生の質問に何と答えましたか。下の会話の＿＿＿に1語ずつ補って，会話を完成させなさい。

Ms. Jones: Koichi, can you play soccer?

Koichi: ＿＿＿＿＿, ＿＿＿＿＿ ＿＿＿＿＿.

らくらくマルつけ

Aa-05

OUTPUT! 6

できることを伝える・たずねる②

ちょこっとインプット

Ai-06

答えと解き方➡別冊 p.5

1 英単語 意味を書き，つづりも書いて，覚えましょう。

□(1)	make	意味	make
□(2)	curry	意味	curry
□(3)	omelet	意味	omelet
□(4)	fried egg	意味	fried egg
□(5)	Japanese	意味	Japanese
□(6)	book	意味	book
□(7)	read	意味	read
□(8)	speak	意味	speak
□(9)	a little	意味	a little
□(10)	hard	意味	hard

2 読解 次の英文を読んで，あとの設問に答えなさい。

中学生の由紀《ゆき》は，クラスの留学生であるリリー(Lily)と話をしています。

Lily: I like *okonomiyaki*. Do you like it, Yuki?

Yuki: Yes. I often make it. ① Can you make it?

Lily: No. I [②] make *okonomiyaki*, but I can make an omelet.

Yuki: Great! I like omelets. Let's make *okonomiyaki* and an omelet together《いっしょに》.

(1) できることのたずね方 (　)内を補って下線部①を日本語にしなさい。

あなたはそれを(　　　　　　　　　　　　　　　)。

(2) できないことの言い方 [②] に英語1語を入れて，「…できない」という意味にしなさい。

____

(3) 内容の理解 本文の内容と合うものを1つ選びなさい。

ア 由紀はお好み焼きが好きではない。

イ 由紀はお好み焼きを作ることができない。

ウ リリーはオムレツを作ることができる。 (　　　　)

ヒント

(1) make は「作る」という意味。

(2) can を否定した形にする。

(3) 由紀とリリーができること・できないことを整理する。

3 読解　次の英文を読んで，あとの設問に答えなさい。

中学生の優作《ゆうさく》は，留学生のアマンダ(Amanda)に質問しています。

Yusaku: Amanda, do you read books?

Amanda: [①] I like Japanese picture《絵》 books.

Yusaku: Oh, can you read Japanese?

Amanda: Yes, but only《…だけ》 hiragana and katakana. I can't read kanji yet《まだ》.

Yusaku: I see《なるほど》. Do you study Japanese?

Amanda: Yes. I study it very《とても》 hard every day.

Yusaku: Great!

Amanda: Can you study with《…といっしょに》 me next《次の》 Sunday《日曜日》?

Yusaku: Yes, of course《もちろん》!

(1) [①] に入るものをア～ウから１つ選びなさい。

ア Yes, I do.　イ No, I don't.　ウ I don't have a book.　(　　　　)

(2) 次の質問に，アマンダになったつもりで英語で答えなさい。

[1] Can you read kanji? ＿＿＿＿＿＿＿＿＿＿

[2] Do you study Japanese every day? ＿＿＿＿＿＿＿＿＿＿

(3) 本文の内容に合うものには○，合わないものには×を書きなさい。

ア (　　　)アマンダは日本語の絵本が好きである。

イ (　　　)アマンダはカタカナを読むことができる。

ウ (　　　)優作は次の日曜日にアマンダと勉強ができない。

4 リスニング　音声を聞いて，あとの問いに答えなさい。

英語音声

Al-06

桜《さくら》と留学生のアンドレ(Andre)が話しています。会話の内容に合うように＿＿＿に１語ずつ補って，文を完成させなさい。

(1) Sakura ＿＿＿＿＿＿ play the violin.

(2) Andre ＿＿＿＿＿＿ play the violin.

らくらくマルつけ

Aa-06

OUTPUT! 7

身近な人・ものを紹介する①

ちょこっとインプット
Ai-07

答えと解き方➡別冊 p.6

① 英単語　意味を書き，つづりも書いて，覚えましょう。

- □(1) this　意味 ＿＿＿＿　✎ this
- □(2) he　意味 ＿＿＿＿　✎ he
- □(3) she　意味 ＿＿＿＿　✎ she
- □(4) it　意味 ＿＿＿＿　✎ it
- □(5) friend　意味 ＿＿＿＿　✎ friend
- □(6) volleyball　意味 ＿＿＿＿　✎ volleyball
- □(7) favorite　意味 ＿＿＿＿　✎ favorite
- □(8) busy　意味 ＿＿＿＿　✎ busy
- □(9) free　意味 ＿＿＿＿　✎ free
- □(10) racket　意味 ＿＿＿＿　✎ racket

② 読 解　次の英文を読んで，あとの設問に答えなさい。

留学生のエラ(Ella)は，同級生の里香《りか》に，同じ留学生のカイル(Kyle)を紹介しています。

Ella: Rika, this [①] Kyle. He is in Class 1C. Kyle, this [①] Rika. She is in Class 1A. She is my《私の》 friend. We often play tennis together.

Kyle: Hello! Nice to meet you, Rika.

Rika: Nice to meet you, [②].

(1) 人の紹介のしかた　2つの [①] に共通して入る英語1語を書きなさい。　＿＿＿＿

(2) あいさつ　[②] に入る語をア～ウから1つ選びなさい。

ア and　イ very　ウ too　(　　　)

(3) 内容の理解　本文の内容と合うものを1つ選びなさい。

ア カイルは1年A組である。

イ 里香は1年C組である。

ウ 里香はよくエラとテニスをする。　(　　　)

ヒント

(1) 文の主語は this。

(2) カイルの Nice to meet you に同じ言葉で答えている。

(3) 文の主語をよく見る。

3 読解　次の英文を読んで，あとの設問に答えなさい。

ヒル先生(Ms. Hill)が健太《けんた》に，新しい先生の写真を見せて紹介しています。

Ms. Hill:　This is Mr. Smith.　He's a new English teacher.

Kenta:　I see.　Is he from《彼は…の出身ですか。》 the U.S.A.《アメリカ合衆国》?

Ms. Hill:　[①]　He's from Australia.　He's often busy, but he can help《手伝う》 you.

Kenta:　Is this a《これは…ですか。》 table tennis《卓球》 racket?

Ms. Hill:　Yes.　His《彼の》 favorite sport is table tennis.　He can play it well.　You play it, too.　You can play it with him《彼と》 after school《放課後(に)》.

Kenta:　Really?　That's《それは…です。》 great!

(1)　[①] に入るものをア～ウから１つ選びなさい。

ア　Yes, he is.　　イ　No, he isn't.　　ウ　He's a teacher.　　(　　　　)

(2)　次の質問に，[1] はスミス先生，[2] は健太になったつもりで英語で答えなさい。

[1]　Are you always free?　＿＿＿＿＿＿＿＿＿＿＿＿＿＿

[2]　Do you play table tennis?　＿＿＿＿＿＿＿＿＿＿＿＿＿＿

(3)　本文の内容に合うものには○，合わないものには×を書きなさい。

ア　(　　　)スミス先生は新しい英語の先生である。

イ　(　　　)スミス先生は卓球が大好きである。

ウ　(　　　)スミス先生と健太は昼休みに卓球をすることができる。

4 リスニング　音声を聞いて，あとの問いに答えなさい。

＼英語音声／

AI-07

先生が留学生のジョエル(Joel)をクラスで紹介しています。下の会話の＿＿に１語ずつ補って，紹介文を完成させなさい。

Hello, everyone.　This is Joel.

He ＿＿＿＿＿ ＿＿＿＿＿ ＿＿＿＿＿.

らくらく
＼マルつけ／

Aa-07

OUTPUT! 8

身近な人・ものを紹介する❷

ちょこっとインプット
Ai-08

答えと解き方➡別冊 p.6

1 英単語 意味を書き，つづりも書いて，覚えましょう。

□(1)	famous	意味	famous
□(2)	popular	意味	popular
□(3)	delicious	意味	delicious
□(4)	restaurant	意味	restaurant
□(5)	castle	意味	castle
□(6)	aquarium	意味	aquarium
□(7)	museum	意味	museum
□(8)	use	意味	use
□(9)	computer	意味	computer
□(10)	room	意味	room

2 読解 次の英文を読んで，あとの設問に答えなさい。

中学生の美紀《みき》は，留学生のジェフ(Jeff)と美紀の家の近所を歩いています。

Miki: ① That is a famous restaurant. It looks like《…のように見える》 a castle.

Jeff: Wow! Do you often go to the restaurant?

Miki: Yes, I do. I always eat curry and rice《カレーライス》 there.

Jeff: Really? ② It is my favorite food.

(1) 遠くにあるものの表し方 下線部①を日本語にしなさい。

(　　　　　　　　　　　　　　　　　　　　)

(2) 「それは…です」の短縮形 下線部②の短縮形を書きなさい。

＿＿＿＿＿＿＿＿

(3) 内容の理解 本文の内容と合うものを1つ選びなさい。

ア 美紀とジェフは城について話している。

イ 美紀はレストランでいつもカレーライスを食べる。

ウ ジェフはカレーライスはあまり好きではない。

(　　　　)

ヒント

(1) That is …. は「あれは…です」という意味。

(2) he is ＝ he's, she is ＝ she's, it is ＝？

(3) not や don't があるかどうかに注意。

3 読解　次の英文を読んで，あとの設問に答えなさい。

中学生の凛《りん》は，留学生のレオ(Leo)に学校の中を案内しています。

Rin: Leo, this is the library.

Leo: It's very big《大きい》. Rin, can I use my computer in the library?

Rin: No, you can't. You can use it in the computer room.

Leo: OK. Is that the computer room?

Rin: Yes, it is. I sometimes do my homework《宿題をする》 there.

Leo: Do you have a book in your hand《手》?

Rin: No. It's *karuta*《かるた》, a Japanese card game《カードゲーム》. Let's play it after school.

Leo: OK!《わかりました》

(1) 下線部を日本語にするとき，(　)に適する日本語を書きなさい。

レオ，(　　　　　　　　　　　　　　　　)。

(2) 凛が説明している図書室内でできないことは何ですか。日本語で書きなさい。

(　　　　　　　　　　　　　　　　　　　　)

(3) 次の質問に，凛になったつもりで英語で答えなさい。

Do you do your homework in the computer room?

____

(4) 本文の内容に合うものには○，合わないものには×を書きなさい。

ア (　　　) 図書室はとても小さい。

イ (　　　) レオは最初，かるたがわからなかった。

ウ (　　　) 凛たちは放課後，かるたをする。

4 リスニング　音声を聞いて，あとの問いに答えなさい。

英語音声

AI-08

留学生のダニエル(Daniel)が同級生の穂香《ほのか》に質問しています。下の会話の_____に1語ずつ補って，会話を完成させなさい。

Daniel: Honoka, is that a popular aquarium?

Honoka: __________, __________ __________.

らくらくマルつけ

Aa-08

OUTPUT! 9 知らない人・ものについてたずねる①

ちょこっとインプット
Ai-09

答えと解き方➡別冊 p.7

1 英単語 意味を書き，つづりも書いて，覚えましょう。

□(1)	bag	意味 ＿＿＿＿	bag
□(2)	newspaper	意味 ＿＿＿＿	newspaper
□(3)	flute	意味 ＿＿＿＿	flute
□(4)	desk	意味 ＿＿＿＿	desk
□(5)	street	意味 ＿＿＿＿	street
□(6)	town	意味 ＿＿＿＿	town
□(7)	bookstore	意味 ＿＿＿＿	bookstore
□(8)	truck	意味 ＿＿＿＿	truck
□(9)	bus	意味 ＿＿＿＿	bus
□(10)	house	意味 ＿＿＿＿	house

2 読 解 次の英文を読んで，あとの設問に答えなさい。

中学生の咲《さき》は，ホームステイ中の留学生のベティ（Betty）を自分の部屋に案内しています。

Saki: Betty, this is my room.
Betty: Nice. What is this?
Saki: It's a *yunomi*《湯飲み》. I often drink《飲む》 hot《熱い》 tea《茶》 from it.
Betty: I see. What is in that bag?
Saki: My trumpet is. I play it in the brass band.

(1) ものたずね方 下線部の What is を短縮形で書きなさい。
また下線部全体を日本語にしなさい。 ＿＿＿＿＿＿
（　　　　　　　　　　　　　　　　　　　　　　）

(2) 内容の理解 本文の内容と合うものを１つ選びなさい。
ア 咲は湯飲みでよくコーヒーを飲む。
イ 咲のトランペットは机の上にある。
ウ 咲は吹奏楽部に所属している。 （　　　　　）

ヒント
(1) what は「何」という意味。
(2) 咲についての情報を書き出して，整理するとよい。

③ 読解　次の英文を読んで，あとの設問に答えなさい。

中学生の颯《そう》太《た》は，留学生のノア（Noah）と街中を歩いています。

Noah: I don't know this town very well《よく》. [①] is that?

Sota: It's a bookstore. We can buy《買う》 comics《マンガ本》 ② there, too.

Noah: Great. I like books. Oh, what is this? ③ (is / truck / this / a)?

Sota: No, it isn't. It's a special《特別な》 bus. We can only see《見る》 it in our town.

Noah: Really? Oh, I can see an old《古い》 house. What's that?

Sota: It's a shrine《神社》. I sometimes go there.

Noah: It's cool《すごい》.

(1) [①] に入る英語1語を書きなさい。　＿＿＿＿＿＿

(2) 下線部②が指す場所を日本語で書きなさい。　(　　　　　　　　)

(3) 下線部③が意味の通る文になるように，(　)内の語を並べかえなさい。

＿＿＿＿＿＿＿＿＿＿＿＿＿＿＿＿＿＿＿＿＿＿＿＿＿＿?

(4) 次の質問に，颯太になったつもりで英語で答えなさい。

Do you sometimes go to a shrine?　＿＿＿＿＿＿＿＿＿＿＿＿

(5) 本文の内容に合うものには○，合わないものには×を書きなさい。

ア (　　　) ノアは本があまり好きではない。

イ (　　　) 颯太たちが見たバスはほかの町でも見ることができる。

ウ (　　　) ノアたちは神社を見かけた。

④ リスニング　音声を聞いて，あとの問いに答えなさい。

英語音声

AI-09

留学生のミア（Mia）が同級生の翔《かける》に質問しています。下の会話の＿＿に1語ずつ補って，会話を完成させなさい。

Mia:　Kakeru, ＿＿＿＿ ＿＿＿＿ ＿＿＿＿?

Kakeru: It is a museum.

らくらくマルつけ

Aa-09

知らない人・ものについてたずねる②

ちょこっとインプット
Ai-10

答えと解き方➡別冊 p.8

1 英単語　意味を書き，つづりも書いて，覚えましょう。

□(1) woman　意味 ＿＿＿＿　woman
□(2) man　意味 ＿＿＿＿　man
□(3) brother　意味 ＿＿＿＿　brother
□(4) sister　意味 ＿＿＿＿　sister
□(5) fifteen　意味 ＿＿＿＿　fifteen
□(6) team　意味 ＿＿＿＿　team
□(7) classmate　意味 ＿＿＿＿　classmate
□(8) artist　意味 ＿＿＿＿　artist
□(9) paint　意味 ＿＿＿＿　paint
□(10) picture　意味 ＿＿＿＿　picture

2 読 解　次の英文を読んで，あとの設問に答えなさい。

日本の中学校に留学中のマイク(Mike)は，同級生の美《み》羽《う》に質問しています。

Mike: ① Who is that woman, Miu?
Miu: She's Ms. Chen. She's our English teacher.
Mike: I see. Is she from America?
Miu: No, she [②]. She's from Australia. She can speak Japanese, too.

(1) 人のたずね方　下線部①の短縮形を書きなさい。

＿＿＿＿

(2) 答え方　[②] に入る英語1語を書きなさい。

＿＿＿＿

(3) 内容の理解　本文の内容と合うものを1つ選びなさい。

ア　チェン先生(Ms. Chen)は英語の先生である。
イ　チェン先生はアメリカ出身である。
ウ　チェン先生は日本語を話せない。　(　　　)

ヒント
(1) what is の短縮形などを思い出してみるとよい。
(2) No で答えていることに注目。
(3) 先生についての情報を整理する。

3 読解　次の英文を読んで，あとの設問に答えなさい。

中学生の勇人《ゆうと》は，留学生のダイアナ(Diana)に家族の写真を見せています。

Diana: Yuto, who is this boy《男の子》?

Yuto: He is my brother Shuichi. He is fifteen years old. Now《今》 he is on《…に所属して》 the soccer team.

Diana: I like soccer. Can he play soccer well?

Yuto: [①] He is good at《…が得意である》 sports.

Diana: Great! Who is this man? Is he your father《父親》?

Yuto: Yes, he is. He is an artist. Can you see a picture in this photo《写真》? It is his work《作品》.

(1) [①] に入るものをア〜ウから１つ選びなさい。

ア　Yes, he can.　　イ　No, he can't.　　ウ　He is a student.　(　　　　)

(2) 勇人の兄の年齢を算用数字で書きなさい。　(　　　　)歳

(3) 次の質問に，勇人になったつもりで英語で答えなさい。

Is your father an artist? ______________________

(4) 本文の内容に合うものには○，合わないものには×を書きなさい。

ア　(　　　)勇人の兄はサッカー部に所属している。

イ　(　　　)ダイアナはサッカーが好きではない。

ウ　(　　　)写真には勇人の父親の作品が写っている。

4 リスニング　音声を聞いて，あとの問いに答えなさい。

英語音声

AI-10

留学生のウィリアム(William)が同級生の萌《もえ》に質問しています。下の会話の____に１語ずつ補って，会話を完成させなさい。

William: Moe, ________ ________ ________?

Moe: It is my mother.

らくらく マルつけ

Aa-10

OUTPUT! 11 日常の行動についてたずねる①

ちょこっとインプット
Ai-11

答えと解き方➡別冊 p.8

1 英単語 意味を書き，つづりも書いて，覚えましょう。

□(1)	how	意味	how
□(2)	come	意味	come
□(3)	school	意味	school
□(4)	station	意味	station
□(5)	near	意味	near
□(6)	bike	意味	bike
□(7)	train	意味	train
□(8)	car	意味	car
□(9)	early	意味	early
□(10)	every	意味	every

2 読 解 次の英文を読んで，あとの設問に答えなさい。

日本の中学校に留学中のジャック(Jack)は，同級生の圭太《けいた》と話をしています。

Jack: Hi, Keita. [①] do you come to school?

Keita: I walk to《歩いて…へ行く》 school. My house is near our school. I come to school with my sister. How about you?

Jack: By《(交通手段)で》 bus. ② I can come to school by bike, too. But I don't have a bike now.

(1) 「どうやって」のたずね方 [①] に入る英語1語を書きなさい。 ＿＿＿＿

(2) 交通手段の言い方 下線部②を日本語にしなさい。

(　　　　　　　　　　　　　　　　)

(3) 内容の理解 本文の内容と合うものを1つ選びなさい。

ア 圭太の家は学校から遠い。

イ 圭太はひとりで通学している。

ウ ジャックは今，自転車を持っていない。 (　　　　)

ヒント
(1) 何をたずねているかに注目。
(2) by は手段を表す。
(3) 否定文に注目。

3 読解　次の英文を読んで，あとの設問に答えなさい。

中学生の浩太《こうた》は，教室にいちばん早く来る留学生のルナ(Luna)と話をしています。

Kota: You come to school early.

Luna: I get up《起きる》 at《(時刻)に》 five and run《走る》 in the park《公園》 every day, so《だから…》 I can come to school early.

Kota: Really? Are you sleepy《眠い》 now?

Luna: No, I'm not. I [①] go to《寝る》 bed at nine. How about you?

Kota: I go to bed at eleven. I study and play video games《テレビゲーム》 after《…のあとに》 dinner every day. I'm sometimes sleepy.

Luna: I see.

(1) [①] に「いつも」という意味の英語1語を入れなさい。 ＿＿＿＿＿＿

(2) 浩太が毎日，夕食後にすることを日本語で2つ書きなさい。

(　　　　　　　　　　　　)　(　　　　　　　　　　　　)

(3) 次の質問に，ルナになったつもりで英語で答えなさい。

Do you go to bed at eleven? ＿＿＿＿＿＿＿＿＿＿＿＿

(4) 本文の内容に合うものには○，合わないものには×を書きなさい。

ア (　　　) ルナは毎日，5時に起きる。

イ (　　　) ルナは毎朝，校庭を走っている。

ウ (　　　) 浩太はときどき眠いときがある。

4 リスニング　音声を聞いて，あとの問いに答えなさい。

英語音声

AI-11

留学生のジョーイ(Joey)が同級生の小春《こはる》に質問しています。下の会話の＿＿＿に1語ずつ補って，会話を完成させなさい。

Joey: ＿＿＿＿ ＿＿＿＿ ＿＿＿＿ come to school?

Koharu: By bike.

らくらくマルつけ

Aa-11

OUTPUT! 12

日常の行動についてたずねる❷

ちょこっとインプット Ai-12

答えと解き方➡別冊 p.9

❶ 英単語　意味を書き，つづりも書いて，覚えましょう。

□(1)	what	意味	what
□(2)	go shopping	意味	go shopping
□(3)	theater	意味	theater
□(4)	bread	意味	bread
□(5)	rice	意味	rice
□(6)	sandwich	意味	sandwich
□(7)	coffee	意味	coffee
□(8)	tea	意味	tea
□(9)	milk	意味	milk
□(10)	bitter	意味	bitter

❷ 読解　次の英文を読んで，あとの設問に答えなさい。

中学生の風太《ふうた》は，留学生のザック(Zack)と話をしています。

Zack: What do you [①] on Sundays?
(毎週)日曜日に

Futa: I go shopping and play with my dog. How about you?
遊ぶ

Zack: I often study in the library.

Futa: [②] do you study there?

Zack: I study math. It's my favorite subject.
数学　教科

(1) 「何」のたずね方　[①]，[②] に入る英語をそれぞれ1語で書きなさい。

① ＿＿＿＿＿＿　② ＿＿＿＿＿＿

(2) 内容の理解　本文の内容と合うものを1つ選びなさい。

ア　風太は日曜日に買い物に行く。

イ　ザックは日曜日は家で勉強する。

ウ　ザックのお気に入りの教科は理科である。（　　　　）

ヒント

(1) ①何をするかをたずねている。
②続く文で具体的に勉強することを答えている。
(2) 動詞や教科を表す単語に気をつけて文を読み取る。

3 読 解　次の英文を読んで，あとの設問に答えなさい。

佐《さ》藤《とう》先生は，生徒のアリス(Alice)と壮《そう》真《ま》に質問をしています。

Ms. Sato: What do you have《食べる, 飲む》 for breakfast?
Alice: I usually have bread.
Soma: I have rice. Ms. Sato, how about you?
Ms. Sato: I have toast《トースト》. I have coffee, too.
Alice: Really? I don't like coffee. Soma, what do you drink?
Soma: Well《ええと》, I usually drink green tea《緑茶》.
Ms. Sato: I see. Alice, do you like green tea?
Alice: No, I don't. I usually drink milk for breakfast.

(1) アリスが朝食に食べるものを日本語で書きなさい。

(　　　　　　　　)

(2) 次の質問に，[1] は壮真，[2] はアリスになったつもりで英語で答えなさい。

[1] What do you have for breakfast? ______________________

[2] Do you drink milk for breakfast? ______________________

(3) 本文の内容に合うものには○，合わないものには×を書きなさい。

ア (　　) 佐藤先生は朝食にご飯を食べる。

イ (　　) 壮真は朝食にコーヒーを飲む。

ウ (　　) アリスは緑茶が好きではない。

4 リスニング　音声を聞いて，あとの問いに答えなさい。

英語音声

Al-12

中学生の碧《あお》斗《と》が留学生のエレーナ(Elena)に質問しています。下の会話の ______ に1語ずつ補って，会話を完成させなさい。

Aoto: ________ ________ ________ have for breakfast?

Elena: I have bread and orange juice.

らくらくマルつけ

Aa-12

クラスメートについて話す

ちょこっとインプット Ai-13

答えと解き方➡別冊 p.10

1 英単語　意味を書き，つづりも書いて，覚えましょう。

- □(1) swimming　意味 ＿＿＿＿　swimming
- □(2) swim　意味 ＿＿＿＿　swim
- □(3) thirteen　意味 ＿＿＿＿　thirteen
- □(4) fourteen　意味 ＿＿＿＿　fourteen
- □(5) thirty　意味 ＿＿＿＿　thirty
- □(6) the U.S.A.　意味 ＿＿＿＿　the U.S.A.
- □(7) the U.K.　意味 ＿＿＿＿　the U.K.
- □(8) badminton　意味 ＿＿＿＿　badminton
- □(9) active　意味 ＿＿＿＿　active
- □(10) brave　意味 ＿＿＿＿　brave

2 読解　次の英文を読んで，あとの設問に答えなさい。

留学生のエリック(Eric)はクラスメートの真里《まり》について，母国の友だちに紹介しています。

①こちらは真里です。 She is my classmate. We are Sakura Junior High《中学校》 School students. Her《彼女の》 house is near my house, so we walk to school together. ② She is good at swimming《泳ぐこと》. She is in the swimming club《部》. And she can speak English well!

(1) 紹介のしかた　下線部①の意味になるように，次の英文を完成させなさい。　＿＿＿＿ ＿＿＿＿ Mari.

(2) 紹介のしかた　下線部②を日本語にしなさい。

(　　　　　　　　　　)

(3) 内容の理解　本文の内容と合うものを1つ選びなさい。

ア　エリックは高校生である。

イ　エリックと真里はいっしょに歩いて学校に行く。

ウ　真里は英語部に所属している。　(　　　)

ヒント

(1)「こちら」と近くにいる人を指していることに注目。

(2) be good at ... は「…が得意だ」という意味。

(3) 主語の We と She に気をつける。

③ 読 解　次の英文を読んで，あとの設問に答えなさい。

中学生の結衣《ゆい》は，友だちの浩司《こうじ》に留学生のリアム（Liam）を紹介しています。

Yui:　This is Liam. He is from the U.S.A.

Liam: Hello. I'm Liam Martin. *Hajimemashite*.

Koji:　Nice to meet you, Liam. You speak Japanese well.

Liam: Thank you. I study Japanese every day.

Koji:　[①] sport do you like?

Liam: I like badminton very much.

Koji:　Really? I like it, too.

Yui:　Liam is on the city《市》 badminton team now. He can play it very well.
We sometimes play it in the gym.

Koji:　That's nice.

(1)　[①] に入る英語１語を書きなさい。　＿＿＿＿＿＿

(2)　次の質問にそれぞれ３語の英語で答えなさい。

［1］ Is Liam from Australia?　＿＿＿＿＿＿

［2］ Can Liam play badminton well?　＿＿＿＿＿＿

(3)　本文の内容に合うものには○，合わないものには×を書きなさい。

ア（　　　）リアムは毎日，日本語を勉強する。

イ（　　　）浩司はバドミントンが好きではない。

ウ（　　　）結衣とリアムはときどき体育館でバドミントンをする。

④ リスニング　音声を聞いて，あとの問いに答えなさい。

英語音声

AI-13

中学生の正彦《まさひこ》が，クラスにやってきた留学生のローガン（Logan）を紹介しています。次の(1)～(3)が紹介の内容に合う場合は○，合わない場合は×を書きなさい。

(1)　ローガンはピアノが得意である。　（　　　）

(2)　ローガンは13歳である。　（　　　）

(3)　ローガンはカナダ出身である。　（　　　）

らくらくマルつけ

Aa-13

OUTPUT! 14

学校の先生について話す

ちょこっとインプット

Ai-14

答えと解き方➡別冊 p.10

1 英単語　意味を書き，つづりも書いて，覚えましょう。

- □(1) kind　意味 ______　kind ______
- □(2) friendly　意味 ______　friendly ______
- □(3) interesting　意味 ______　interesting ______
- □(4) five　意味 ______　five ______
- □(5) fifty　意味 ______　fifty ______
- □(6) P.E.　意味 ______　P.E. ______
- □(7) skiing　意味 ______　skiing ______
- □(8) ski　意味 ______　ski ______
- □(9) skate　意味 ______　skate ______
- □(10) here　意味 ______　here ______

2 読 解　次の英文を読んで，あとの設問に答えなさい。

中学生の明《あきら》が，ミラー先生(Ms. Miller)について友だちのリリー(Lily)と話しています。

Lily: [①] is Ms. Miller, Akira?

Akira: She's our new English teacher. ② She's very kind.

Lily: Is she from the U.S.A.?

Akira: No. She's from the U.K. She can speak Japanese very well.

(1) 人のたずね方　[①] に入る英語1語を書きなさい。

______

(2) 紹介のしかた　下線部②を日本語にしなさい。

(　　　　　　　　　　)

(3) 内容の理解　本文の内容と合うものを1つ選びなさい。

ア　ミラー先生は古くからいる先生である。

イ　ミラー先生はイギリス出身である。

ウ　ミラー先生は日本語が苦手である。　(　　　)

ヒント

(1) 明がどう答えているかを確認。

(2) She's .... = She is ....「彼女は…です」

(3) 先生についての情報を整理して，それぞれの選択肢を判断。

3 読 解　次の英文を読んで，あとの設問に答えなさい。

中学生の忍《しのぶ》はイギリス出身の留学生であるメグ(Meg)と，北《きた》先生の話をしています。

Meg: Do you know Mr. Kita?

Shinobu: Yes. He's our P.E. teacher. He's twenty-five years old.

Meg: [①] is his favorite sport?

Shinobu: It's cricket《クリケット》. Is it famous in the U.K.?

Meg: Yes, it is. It's really interesting. I love cricket.

Shinobu: He also《…もまた》 likes skiing. He can ski well.

Meg: Oh, really? I can't ski. He's very active, right《…ですよね。》?

Shinobu: Yes.

(1) [①] に入る語をア～ウから１つ選びなさい。

ア How　イ What　ウ Do　(　　　　)

(2) 北先生が教えている教科を日本語で書きなさい。　(　　　　)

(3) 次の質問に，北先生になったつもりで英語で答えなさい。

Can you ski? ____________________

(4) 本文の内容と合うものを１つ選びなさい。

ア (　　　)クリケットはイギリスで有名である。

イ (　　　)メグはクリケットについて何も知らない。

ウ (　　　)北先生は活動的な人である。

4 リスニング　音声を聞いて，あとの問いに答えなさい。

英語音声

AI-14

中学生の大輔《だいすけ》がキング先生(Ms. King)について話しています。話の内容に合うように，______にあてはまる英語をそれぞれ１語か２語で書きなさい。

(1) Ms. King is ____________________ at volleyball.

(2) Ms. King is ____________________ at basketball.

らくらくマルつけ

Aa-14

OUTPUT! 15

自分の学校を紹介する

ちょこっとインプット
Ai-15

答えと解き方➡別冊 p.11

1 英単語　意味を書き，つづりも書いて，覚えましょう。

□(1)	class	意味	class
□(2)	schoolyard	意味	schoolyard
□(3)	playground	意味	playground
□(4)	entrance	意味	entrance
□(5)	restroom	意味	restroom
□(6)	nurse's office	意味	nurse's office
□(7)	sing	意味	sing
□(8)	song	意味	song
□(9)	recorder	意味	recorder
□(10)	clean	意味	clean

2 読解　次の英文を読んで，あとの設問に答えなさい。

中学生の沙織《さおり》は，写真を見せながら通っている中学校の説明をしています。

[①] our school. It is in Hinoki City. We usually take《受ける》 classes in this classroom《教室》. [①] the school gym. We often play sports ② there. And we can swim in this swimming pool《水泳プール》. [①] our music room. My favorite class is music. We sing songs in the music room.

(1) 紹介のしかた　3つの [①] に共通して入る「これは…です」と紹介する英語2語を書きなさい。

＿＿＿＿＿＿　＿＿＿＿＿＿

(2) 紹介のしかた　下線部②が指す場所を日本語で書きなさい。

(　　　　　　　　　　　　　　　　　　　　)

(3) 内容の理解　沙織の説明と合うものを1つ選びなさい。

ア　沙織たちの学校には水泳プールがある。

イ　沙織たちの学校には音楽室はない。

ウ　沙織は音楽の授業が好きではない。　(　　　　　)

ヒント

(1) 「これは」と近いところにあるものは何を使う？

(2) 直前の文に注意。

(3) 文の単語を注意深くチェック。

③ 読解　次の英文を読んで，あとの設問に答えなさい。

中学生の一平《いっぺい》は，新しく来た留学生のミア（Mia）に歩きながら中学校の紹介をしています。

Ippei: Mia, this is the English room. ① We take English classes here every week《週》. And that is the art room《美術室》.

Mia: I like art《美術》 classes. Ippei, [②] is that?

Ippei: It is the library. I often read books there.

Mia: I see. Is that the music room?

Ippei: [③] We can play the piano there.

Mia: Oh, is that the school cafeteria《学校食堂》?

Ippei: Yes, it is. We can have lunch there.

(1) 下線部①を日本語にしなさい。

(　　　　　　　　　　　　　　　　　　　　　　　　　　)

(2) [②] に入る語をア〜ウから1つ選びなさい。

ア what　　イ who　　ウ it　　　　(　　　　)

(3) [③] に「はい」という意味になるように3語の英文を入れなさい。

____

(4) 本文の内容に合うものには○，合わないものには×を書きなさい。

ア (　　　) ミアは美術の授業が好きである。

イ (　　　) 一平はよく図書室で本を読む。

ウ (　　　) 一平たちは昼食に弁当を持ってくる必要がある。

④ リスニング　音声を聞いて，あとの問いに答えなさい。

英語音声

Al-15

留学生のステファニー（Stephanie）が同級生の義一《よしかず》に学校のことを聞いています。義一の答えとして正しいものをア〜ウから1つ選びなさい。

ア 理科室　　イ 音楽室　　ウ 美術室　　　　(　　　　)

らくらくマルつけ

Aa-15

OUTPUT! 16 好きな教科についてたずねる

ちょこっとインプット
Ai-16

答えと解き方➡別冊 p.12

1 英単語 意味を書き，つづりも書いて，覚えましょう。

□(1) subject 意味 ______ subject ______

□(2) math 意味 ______ math ______

□(3) science 意味 ______ science ______

□(4) fine arts 意味 ______ fine arts ______

□(5) draw 意味 ______ draw ______

□(6) at home 意味 ______ at home ______

□(7) pencil 意味 ______ pencil ______

□(8) textbook 意味 ______ textbook ______

□(9) dictionary 意味 ______ dictionary ______

□(10) notebook 意味 ______ notebook ______

2 読 解 次の英文を読んで，あとの設問に答えなさい。

中学生の陸《りく》は，留学生のフレッド(Fred)と話しています。

Riku: ① What's your favorite subject?

Fred: It's Japanese. Kanji is interesting! I also like math. Do you like it?

Riku: No, I [②]. I'm not good at math. I like P.E. I often play soccer in the schoolyard.

(1) 「何」のたずね方 下線部①を日本語にしなさい。

( )

(2) 「いいえ」の答え方 [②] に入る英語２語を書きなさい。

______ ______

(3) 内容の理解 本文の内容と合わないものを１つ選びなさい。

ア フレッドは国語の授業が好きである。

イ 陸は数学が得意である。

ウ 陸は校庭でサッカーをする。 ( )

ヒント
(1) What's ...? は「…は何ですか」という意味。
(2) No と答えていることに注目。
(3) 否定文があるかどうかに気をつけて読む。

3 読 解　次の英文を読んで，あとの設問に答えなさい。

中学生の芽《め》衣《い》は，留学生のオーウェン(Owen)と，好きな教科について話しています。

Mei:　① Owen, (do / what / like / subject / you)?

Owen: I like fine arts. I often draw pictures at home. Look《見る》! I drew《描いた》 this picture. How about you?

Mei:　I like music. I like singing《歌うこと》 songs. Do you like music class?

Owen: Well, I often listen to《…を聞く》 Japanese songs, but I don't like music class.
I can't [　②　] well.

Mei:　I see.

(1)　下線部①が意味の通る文になるように，(　)内の語を並べかえなさい。

Owen, ＿＿＿＿＿＿＿＿＿＿＿＿＿＿＿＿＿＿＿＿＿＿＿＿＿＿＿＿?

(2)　[　②　] に入る語をア〜ウから１つ選びなさい。

ア　sing　　イ　draw　　ウ　swim　　(　　　　)

(3)　次の質問に，オーウェンになったつもりで英語で答えなさい。

Do you draw pictures at home? ＿＿＿＿＿＿＿＿＿＿＿＿＿＿＿＿

(4)　本文の内容に合うものには○，合わないものには×を書きなさい。

ア　(　　　　)オーウェンは美術が好きである。

イ　(　　　　)芽衣は歌うことが好きである。

ウ　(　　　　)オーウェンは日本語の歌を聞かない。

4 リスニング　音声を聞いて，あとの問いに答えなさい。

＼英語音声／

AI-16

留学生のクロエ(Chloe)が同級生の賢人《けんと》に好きな教科を聞いています。賢人の好きな教科をア〜ウから１つ選びなさい。

ア　体育　　イ　数学　　ウ　美術　　(　　　　)

らくらく
＼マルつけ／

Aa-16

OUTPUT! 17 クラブ活動について話し合う①

ちょこっとインプット
Ai-17

答えと解き方➡別冊 p.13

1 英単語 意味を書き，つづりも書いて，覚えましょう。

□(1)	want to ...	意味	want to ...
□(2)	club	意味	club
□(3)	activity	意味	activity
□(4)	excited	意味	excited
□(5)	nervous	意味	nervous
□(6)	join	意味	join
□(7)	bat	意味	bat
□(8)	ball	意味	ball
□(9)	glove	意味	glove
□(10)	still	意味	still

2 読解 次の英文を読んで，あとの設問に答えなさい。

新入生の聡美《さとみ》は，留学生のエマ(Emma)とクラブ活動の見学に来ています。

Satomi: We [①] see many《多くの》 club activities here.

Emma: I'm excited. ② I want to join the soccer team. I like sports very much. Do you want to play sports, too?

Satomi: No, I don't. I want to join the brass band. I play the flute.

(1) 「…できる」の表し方 [①] に英語1語を入れて，「…できる」という意味にしなさい。

(2) したいことの伝え方 下線部②を日本語にしなさい。

(　　　　　　　　　　)

(3) 内容の理解 本文の内容と合わないものを1つ選びなさい。

ア エマはクラブ活動見学でわくわくしている。

イ 聡美は吹奏楽部に入りたがっている。

ウ エマと聡美はスポーツをしたがっている。 (　　　)

ヒント

(1) 「…できる」は助動詞を使って表す。

(2) want to ...「…したい」

(3) 動詞に気をつけて文を読み解く。

3 読解　次の英文を読んで，あとの設問に答えなさい。

中学１年生の博《ひろし》は，留学生のディラン(Dylan)と，中学校のクラブ活動について話しています。

Dylan: <u>What club do you want to join?</u>

Hiroshi: My brother is on the baseball team, so I want to join it.

Dylan: I see. Is your brother a good baseball player《選手》?

Hiroshi: Yes. We often play baseball in the park on Sundays.

Dylan: That's good. I want to join the art club. I like painting《絵を描くこと》. I still can't paint pictures well, but I want to practice《練習する》 hard there!

(1) 下線部を日本語にしなさい。

(　　　　　　　　　　　　　　　　　　　　　　　　　　　　)

(2) 博が野球部に入りたい理由を日本語で書きなさい。

(　　　　　　　　　　　　　　　　　　　　　　　　　　　　)

(3) 次の質問に，[1]は博，[2]はディランになったつもりで英語で答えなさい。

[1] Do you play baseball on Sundays? ______________________

[2] Can you paint pictures well? ______________________

(4) 本文の内容に合うものには○，合わないものには×を書きなさい。

ア (　　　) 博の兄は野球がじょうずではない。

イ (　　　) ディランは美術部に入りたいと思っている。

ウ (　　　) ディランは絵の練習をしたいと思っている。

4 リスニング　音声を聞いて，あとの問いに答えなさい。

＼英語音声／

Al-17

中学生のソフィア(Sofia)が小野《おの》先生と話しています。ソフィアは小野先生の質問に何と答えましたか。下の会話の______に１語ずつ補って，会話を完成させなさい。

Mr. Ono: Sofia, what club are you in?

Sofia: ____________ ____________ the basketball team.

らくらく
＼マルつけ／

Aa-17

OUTPUT! 18 クラブ活動について話し合う②

ちょこっとインプット
Ai-18

答えと解き方➡別冊 p.13

1 英単語　意味を書き，つづりも書いて，覚えましょう。

	単語	意味	つづり
□(1)	belong to ...	意味	belong to ...
□(2)	run	意味	run
□(3)	fast	意味	fast
□(4)	jump	意味	jump
□(5)	calligraphy	意味	calligraphy
□(6)	drama	意味	drama
□(7)	gymnastics	意味	gymnastics
□(8)	boxing	意味	boxing
□(9)	wrestling	意味	wrestling
□(10)	happy	意味	happy

2 読解　次の英文を読んで，あとの設問に答えなさい。

新入生の幸雄《ゆきお》は，留学生のハリー(Harry)とクラブ活動の話をしています。

Harry: ① What club do you belong to?

Yukio: I belong to the track and field《陸上競技》 team. I can run fast and jump high《高く》. How about you?

Harry: I belong to the calligraphy club. I love kanji, so I practice ② it hard.

(1) もの・ことの聞き方　下線部①を日本語にしなさい。

(　　　　　　　　　　　　　　　　　　　　　　)

(2) 相手への伝え方　下線部②が指すものを日本語で書きなさい。

(　　　　　　　　　　　　　　　　　　　　　　)

(3) 内容の理解　本文の内容と合うものを1つ選びなさい。

ア　幸雄は書道部に所属している。

イ　幸雄は足が速くない。

ウ　ハリーは漢字が大好きである。　(　　　　　)

ヒント

(1) belong to ...「…に所属している」

(2) 直前の内容に注目。

(3) I がだれのことかを考えて読む。

3 読解　次の英文を読んで，あとの設問に答えなさい。

留学生のジャスミン(Jasmine)は，中学生の桜《さくら》にクラブ活動の相談をしています。

Jasmine: I don't know about《…について》 our school's club activities. Sakura, (to / you / do / belong / club / what)?

Sakura: I belong to the dance《ダンス》 team. I like dancing《おどること》. I practice four《4》 days《日》 a week《1週間につき》. Jasmine, what do you do《する》 after school?

Jasmine: I play the guitar every day.

Sakura: Oh, you can join the school band《軽音楽部》!

Jasmine: Really? I'm happy and excited! I want to join it!

(1) 下線部が意味の通る文になるように，(　)内の語を並べかえなさい。

Sakura, ＿＿＿＿＿＿＿＿＿＿＿＿＿＿＿＿＿＿＿＿＿＿＿＿＿＿＿＿?

(2) 桜はジャスミンに何部をすすめていますか。日本語で書きなさい。

(　　　　　　　　　　　　　　　　　　　　　　　　　　　　)

(3) 次の質問に，桜になったつもりで英語で答えなさい。

Do you practice five days a week? ＿＿＿＿＿＿＿＿＿＿＿＿＿＿＿＿

(4) 本文の内容に合うものには○，合わないものには×を書きなさい。

ア (　　　　) ジャスミンは学校のクラブ活動のことを知らない。

イ (　　　　) 桜はギターを毎日弾いている。

ウ (　　　　) ジャスミンはダンス部に入りたいと思っている。

4 リスニング　音声を聞いて，あとの問いに答えなさい。

英語音声

Al-18

中学生の美幸《みゆき》が同級生のフレディ(Freddie)と話しています。フレディが所属している部活をア～ウから１つ選びなさい。

ア　バスケットボール部　　イ　野球部　　ウ　ダンス部　　(　　　　　)

らくらくマルつけ

Aa-18

OUTPUT! 19

学校行事について説明する

ちょこっとインプット

Ai-19

答えと解き方➡別冊 p.14

1 英単語　意味を書き，つづりも書いて，覚えましょう。

- □(1) school event　意味 ________　school event
- □(2) field day　意味 ________　field day
- □(3) field trip　意味 ________　field trip
- □(4) school trip　意味 ________　school trip
- □(5) chorus contest　意味 ________　chorus contest
- □(6) September　意味 ________　September
- □(7) October　意味 ________　October
- □(8) November　意味 ________　November
- □(9) history　意味 ________　history
- □(10) temple　意味 ________　temple

2 読解　次の英文を読んで，あとの設問に答えなさい。

中学生の浩太《こうた》は，通っている学校の行事について，留学生のメグ(Meg)に説明しています。

We have many school events. We have a ball game tournament《球技大会》 in September. We enjoy basketball, soccer and volleyball in the gym. In November, we have a field trip. We go to a castle. I love history, so it is a lot of《多くの》 fun《楽しみ》.

(1) 相手への伝え方　下線部を日本語にしなさい。

(　　　　　　　　　　　　　　　　　　　　　　)

(2) 場所の伝え方　遠足で訪れる場所をア～ウから1つ選びなさい。　ア 山　イ 城　ウ 公園　(　　　　　)

(3) 内容の理解　本文の内容と合うものを1つ選びなさい。

ア　浩太たちは球技大会で野球をする。

イ　浩太たちは9月に遠足に行く。

ウ　浩太は歴史が大好きである。　(　　　　　)

ヒント

(1) 〈in＋月名〉「…月に」

(2) go to …「…へ行く」

(3) 名詞に気をつけて文を読む。

3 読解　次の英文を読んで，あとの設問に答えなさい。

中学生の真由子《まゆこ》は，ホームステイをしているノラ(Nora)に学校行事を説明しています。

Mayuko: <u>We have a school trip in October.</u>

Nora: School trip? What is that?

Mayuko: We go to Kyoto and see some《いくつかの》 temples. One of《…の1つ》 them《それらを》 is Kinkakuji《金閣寺》 Temple.

Nora: I see. What school event do you have in November?

Mayuko: We have a chorus contest. We practice singing very hard every day.

Nora: That's great. I like singing, so I want to join it!

(1) 下線部を日本語にしなさい。

(　　　　　　　　　　　　　　　　　　　　)

(2) 11 月に行われる行事を日本語で書きなさい。

(　　　　　　　　　　　　　　　　　　　　)

(3) 次の質問に，ノラになったつもりで英語で答えなさい。

Do you like singing? ＿＿＿＿＿＿＿＿＿＿＿＿

(4) 本文の内容に合うものには○，合わないものには×を書きなさい。

ア (　　) 修学旅行で見学する寺は金閣寺だけである。

イ (　　) 合唱コンクールに向けて生徒たちは一生懸命に練習する。

ウ (　　) ノラは合唱コンクールに参加したいと思っている。

4 リスニング　音声を聞いて，あとの問いに答えなさい。

英語音声

AI-19

留学生のリリー(Lily)が同級生の正《ただし》に質問しています。下の会話の＿＿に1語ずつ補って，会話を完成させなさい。

Lily: ＿＿＿＿ ＿＿＿＿ ＿＿＿＿ do we have in October?

Tadashi: We have a field day.

らくらくマルつけ

Aa-19

OUTPUT! 20

時間割について説明する

ちょこっとインプット
Ai-20

答えと解き方➡別冊 p.15

1 英単語　意味を書き，つづりも書いて，覚えましょう。

□(1) social studies 意味 ＿＿＿＿ social studies
□(2) Monday 意味 ＿＿＿＿ Monday
□(3) Tuesday 意味 ＿＿＿＿ Tuesday
□(4) Wednesday 意味 ＿＿＿＿ Wednesday
□(5) Thursday 意味 ＿＿＿＿ Thursday
□(6) Friday 意味 ＿＿＿＿ Friday
□(7) Saturday 意味 ＿＿＿＿ Saturday
□(8) Sunday 意味 ＿＿＿＿ Sunday
□(9) six 意味 ＿＿＿＿ six
□(10) sixteen 意味 ＿＿＿＿ sixteen

2 読解　次の英文を読んで，あとの設問に答えなさい。

中学生の隆《りゅう》二《じ》は，新しく来た留学生のルナ(Luna)に学校の時間割について説明しています。

Luna: [①] subjects do we have on Mondays?
Ryuji: Well, we have math, P.E., English, science and music.
Luna: I see. Do we have Japanese on Tuesdays?
Ryuji: Yes, we do. We have Japanese on Tuesdays and Fridays.

(1) 時間割のたずね方　[①] に入る英語 1 語を書きなさい。

＿＿＿＿

(2) 時間割の表し方　月曜日にある授業をア～ウから 1 つ選びなさい。　ア　美術　　イ　音楽　　ウ　社会　（　　　　）

(3) 内容の理解　本文の内容と合うものを 1 つ選びなさい。

ア　隆二たちは月曜日に国語の授業がある。
イ　隆二たちは火曜日に国語の授業がある。
ウ　隆二たちは金曜日に国語の授業がない。　（　　　　）

ヒント
(1) クエスチョンマーク(?)で文が終わっていることに注目。
(2) 月曜日は Monday と表す。
(3) 曜日に注意して読む。

3 読解　次の英文を読んで，あとの設問に答えなさい。

中学生の晃一《こういち》は，ホームステイ中のエドワード(Edward)に自分の学校の時間割を説明しています。

Edward: [①] your favorite subject?

Koichi: It's social studies. We have it on Tuesdays and Thursdays. I study it hard.

Edward: I see. I like math very much. Well, what classes do you have on Tuesdays?

Koichi: We have social studies, math, science, Japanese and fine arts. We have five classes.

Edward: [②] classes do you have on Wednesdays?

Koichi: We have six classes. We have P.E., music, Japanese, math, science and English.

(1) [①] に入る英語1語を書きなさい。　＿＿＿＿

(2) [②] に入る英語2語を書きなさい。　＿＿＿＿　＿＿＿＿

(3) 次の質問に，エドワードになったつもりで英語で答えなさい。

What subject do you like? ＿＿＿＿＿＿＿＿

(4) 本文の内容に合うものには○，合わないものには×を書きなさい。

ア (　　) 社会は火曜日と木曜日にある。

イ (　　) 晃一たちは，火曜日に体育の授業がある。

ウ (　　) 晃一たちは，水曜日に6つの授業がある。

4 リスニング　音声を聞いて，あとの問いに答えなさい。

英語音声

AI-20

留学生のニコラス(Nicolas)が同級生の美津子《みつこ》に，学校の時間割について質問しています。金曜日にある科目をア～ウから1つ選びなさい。

ア 社会　　イ 数学　　ウ 体育　　(　　　)

らくらくマルつけ

Aa-20

まとめのテスト①

／100点

答えと解き方➡別冊 p.15

1 英単語 次の英語は日本語に，日本語は英語になおしなさい。[3点×10＝30点]

(1) math (　　　　)
(2) famous (　　　　)
(3) delicious (　　　　)
(4) twelve (　　　　)
(5) station (　　　　)
(6) 来る ＿＿＿＿
(7) 11月 ＿＿＿＿
(8) 水曜日 ＿＿＿＿
(9) 人気のある ＿＿＿＿
(10) わくわくした ＿＿＿＿

2 読解 次の英文を読んで，あとの設問に答えなさい。[5点×4＝20点]

中学生の凛《りん》は，新しく来た留学生のエミー(Emmy)とあいさつして，話をしています。

Emmy: Hello! I'm Emma Wilson. Call me Emmy.
Rin: I'm Rin. Nice to meet you. [①] from Australia?
Emmy: No, I'm not. I'm from the U.S.A.
Rin: I like tennis. Can you play tennis well?
Emmy: No, [②]. I like music. I can play the piano.
Rin: Nice! I belong to the brass band. I practice hard.
Emmy: I see. ③ Rin, (that / who / woman / is)?
Rin: She is Ms. Ito. She is our teacher. She is very kind!

(1) [①] に入る英語2語を書きなさい。 ＿＿＿＿ ＿＿＿＿

(2) [②] に入る英語2語を書きなさい。 ＿＿＿＿ ＿＿＿＿

(3) 下線部③が意味の通る文になるように，(　)内の語を並べかえなさい。

Rin, ＿＿＿＿＿＿＿＿＿＿＿＿ ?

(4) 本文の内容と合わないものを1つ選びなさい。

ア　エミーはアメリカ出身である。
イ　エミーはテニスがじょうずにできる。
ウ　伊藤《いとう》先生はとてもやさしい。 (　　　)

3 読解　次の英文を読んで，あとの設問に答えなさい。[45点]

中学生の悟《さとる》と美波《みなみ》は，歩きながら，留学生のロバート(Robert)に学校のことを説明しています。

Satoru: We usually take classes in this classroom.

Robert: ① Satoru, (your favorite / is / subject / what)?

Satoru: I like P.E. That is the gym. We have P.E. classes there. In October, we have a field day in the schoolyard.

Robert: I see. Minami, what is that?

Minami: It's the art room. I'm in the art club.

Robert: Really? ② I want to join the art club. I like fine arts. How about you?

Minami: Me, too. I like painting pictures very much.

(1) 下線部①が意味の通る文になるように，(　)内の語句を並べかえなさい。(7点)

Satoru, ＿＿＿＿＿＿＿＿＿＿＿＿＿＿＿＿＿＿＿＿＿＿＿＿＿＿＿＿＿?

(2) 下線部②を日本語にしなさい。(7点)

(　　　　　　　　　　　　　　　　　　　　　　　　　　　　　　)

(3) 次の質問に，[1] はロバート，[2] は美波になったつもりで英語で答えなさい。

(5点×2＝10点)

[1] What subject do you like? ＿＿＿＿＿＿＿＿＿＿＿＿＿＿＿＿

[2] Do you like painting pictures? ＿＿＿＿＿＿＿＿＿＿＿＿＿＿＿

(4) 本文の内容に合うものには○，合わないものには×を書きなさい。(7点×3＝21点)

ア (　　　) 悟たちは体育の授業を校庭だけで行う。

イ (　　　) 10月には運動会がある。

ウ (　　　) 美波は美術部に所属している。

4 リスニング　音声を聞いて，あとの問いに答えなさい。[5点]

英語音声

Al-21

中学生の英彦《ひでひこ》は，お昼にカーター先生(Ms. Carter)と食事について話しています。英彦が朝食に何を食べるか，あてはまるものをア～ウから１つ選びなさい。

ア ご飯　　イ フルーツ　　ウ パン　　　　(　　　　　)

らくらくマルつけ

Aa-21

OUTPUT! 22 好きなものをたずねる

ちょこっとインプット Ai-22

答えと解き方➡別冊 p.16

1 英単語　意味を書き，つづりも書いて，覚えましょう。

- □(1) zoo　意味 ______　zoo ______
- □(2) place　意味 ______　place ______
- □(3) rabbit　意味 ______　rabbit ______
- □(4) sheep　意味 ______　sheep ______
- □(5) bird　意味 ______　bird ______
- □(6) cool　意味 ______　cool ______
- □(7) cute　意味 ______　cute ______
- □(8) hungry　意味 ______　hungry ______
- □(9) thirsty　意味 ______　thirsty ______
- □(10) family　意味 ______　family ______

2 読解　次の英文を読んで，あとの設問に答えなさい。

中学生の芽衣《めい》は，留学生のタイラー（Tyler）と動物園に来ています。

Tyler: Look, Mei. Lions《ライオン》! I love them. Lions are cool. ① What animal do you like?

Mei: I like rabbits. ② They are cute! We can see them near the entrance.

Tyler: OK, let's go and see them.

(1) 好きなもののたずね方　下線部①を日本語にしなさい。

(　　　　　　　　　　　　　　　　　　)

(2) 「彼らは」の表し方　下線部②の短縮形を書きなさい。

______

(3) 内容の理解　本文の内容と合うものを1つ選びなさい。

ア　タイラーはウサギが大好きである。

イ　ライオンは入口の近くにいる。

ウ　タイラーたちは次にウサギを見る。　(　　　)

ヒント

(1) What「どんな」

(2) You are や We are の短縮形を思い出すとよい。

(3) 主語に気をつける。

❸ 読解　次の英文を読んで，あとの設問に答えなさい。

中学生の徹《とおる》は，留学生のカレン(Karen)と部活のあとに話をしています。

Toru: I'm very hungry. What food do you like?

Karen: I like fried noodles《焼きそば》. They are popular in Japan, right?

Toru: Yes. Can you cook them?

Karen: No. My mother《母親》 often cooks ① <u>them</u> for dinner. They are delicious. [②] is your favorite food, Toru?

Toru: I like pizza very much. I eat it at a restaurant with my family. The restaurant is near the station.

Karen: I know it. I sometimes go there and eat spaghetti《スパゲッティ》.

(1) 下線部①が指すものを日本語で書きなさい。　(　　　　　　　　)

(2) [②] に入る英語１語を書きなさい。　＿＿＿＿＿＿

(3) 次の質問に，徹になったつもりで英語で答えなさい。

What food do you like?　＿＿＿＿＿＿＿＿＿＿＿＿

(4) 本文の内容に合うように，(　)に適する日本語を書きなさい。

カレンは駅の近くの(　　　　　　　　)でよくスパゲッティを食べる。

(5) 本文の内容に合うものには○，合わないものには×を書きなさい。

ア (　　) 徹は焼きそばは日本で人気のある食べ物だと思っている。

イ (　　) カレンは母親が作る焼きそばをおいしいと思っている。

ウ (　　) 徹とカレンはそれぞれ違うレストランを利用している。

❹ リスニング　音声を聞いて，あとの問いに答えなさい。

英語音声

AI-22

留学生のジェームズ(James)と同級生の弥生《やよい》が話しています。弥生の好きな食べ物をア～ウから１つ選びなさい。

ア ピザ　　イ ステーキ　　ウ オムレツ　　(　　　)

らくらくマルつけ

Aa-22

OUTPUT! 23

好きなことについて話す

ちょこっとインプット
Ai-23

答えと解き方➡別冊 p.17

1 英単語　意味を書き，つづりも書いて，覚えましょう。

□(1) climb	意味		climb
□(2) mountain	意味		mountain
□(3) tree	意味		tree
□(4) lake	意味		lake
□(5) fall	意味		fall
□(6) go camping	意味		go camping
□(7) campground	意味		campground
□(8) go fishing	意味		go fishing
□(9) morning	意味		morning
□(10) evening	意味		evening

2 読解　次の英文を読んで，あとの設問に答えなさい。

中学生の智之《ともゆき》は，英語の授業で好きなことについて発表しています。

Hello, everyone. ① I like climbing mountains. In fall, I often visit《訪れる》 Mt.《…山》 Konoha with my family. The mountain is very popular and a lot of people《人々》 climb it. We can see the autumn leaves《紅葉》 there. I often take pictures of《…の》 beautiful《美しい》 trees on the way《途中で》. Climbing《登山》 is very [②] for《…にとって》 me.

(1) 好きなことの伝え方　下線部①を日本語にしなさい。

(　　　　　　　　　　　　　　　　　　　　)

(2) 「わくわくさせる」の言い方　[②] に「わくわくさせる」という意味を表す英語を１語で書きなさい。 ＿＿＿＿＿＿

(3) 内容の理解　本文の内容と合うものを１つ選びなさい。

ア　コノハ山はあまり人気がない。

イ　コノハ山では紅葉を見ることができる。

ウ　智之はコノハ山の頂上で写真を撮る。　(　　　　　)

ヒント

(1) like ...ing は「…するのが好きだ」という意味。

(2) 「わくわくさせる」という意味の形容詞は？

(3) on the way は「途中で」という意味を表す。

3 読解　次の英文を読んで，あとの設問に答えなさい。

中学生の結衣《ゆい》は，クラスで好きなことを紹介しています。

Hello, everyone. I like camping. I often go camping with my family in fall. We go to a campground near the lake. I like fishing, so I always go fishing at the lake. We can eat fish in the evening. They are really good!

At night《夜》, it is very dark《暗い》 around《…のあたりに》 the lake. We can see a lot of stars《星》 in the sky《空》. They look like diamonds《ダイヤモンド》. They are beautiful. I like watching them. Camping is a lot of fun for me.

(1)　下線部が指すものを日本語で書きなさい。　(　　　　　　　)

(2)　次の日本文が，夜にたくさんの星が見える理由となるように，(　)に適する日本語を書きなさい。

結衣の行くキャンプ場は，夜は(　　　　　　　　　　)から。

(3)　次の質問に，結衣になったつもりで英語で答えなさい。

[1]　Do you like camping?　＿＿＿＿＿＿＿＿

[2]　What do you always do at the lake?　＿＿＿＿＿＿＿＿

(4)　本文の内容と合わないものを1つ選びなさい。

ア　結衣はよく秋にキャンプに行く。

イ　結衣の行くキャンプ場は川の近くにある。

ウ　結衣は夜空の星はダイヤモンドのようだと言っている。　(　　　)

4 リスニング　音声を聞いて，あとの問いに答えなさい。

英語音声

AI-23

留学生のエマ(Emma)とジョー(Joe)の2人が好きなことについて発表します。それぞれの人物が好きなことを，下のア～ウから1つずつ選びなさい。

(1)　エマ　(　　　　)　(2)　ジョー　(　　　　)

ア　歌うこと　イ　サッカーをすること　ウ　おどること

らくらくマルつけ

Aa-23

OUTPUT! 24

好きなことでつながる

ちょこっとインプット Ai-24

答えと解き方➡別冊 p.18

1 英単語　意味を書き，つづりも書いて，覚えましょう。

□(1)	novel	意味	novel
□(2)	kind	意味	kind
□(3)	bear	意味	bear
□(4)	horse	意味	horse
□(5)	tiger	意味	tiger
□(6)	stationery	意味	stationery
□(7)	crayon	意味	crayon
□(8)	ruler	意味	ruler
□(9)	glue stick	意味	glue stick
□(10)	stapler	意味	stapler

2 読解　次の英文を読んで，あとの設問に答えなさい。

中学生の梨《り》恵《え》は，留学生のマイルズ(Miles)と話しています。

Rie: [①] do you do in your free time《時》?

Miles: I read books. ② I like reading novels.

Rie: Me, too! I like history novels. [①] kind of novels do you like?

Miles: I love mystery《ミステリー》 novels. I have a lot of mystery novels.

(1) もの・ことのたずね方　2つの[①]に共通して入る英語1語を書きなさい。

＿＿＿＿＿＿＿＿

(2) 好きなことの伝え方　下線部②を日本語にしなさい。

(　　　　　　　　　　　　　　　　　　　　　　　　)

(3) 内容の理解　文の内容と合わないものを1つ選びなさい。

ア　梨恵は読書が好きではない。

イ　梨恵は歴史小説が好きである。

ウ　マイルズはミステリー小説をたくさん持っている。

(　　　　　)

ヒント
(1) 答えの文を見て考えるとよい。
(2) like　...ing の意味は？
(3) 会話の流れを読み取る。

3 読解　次の英文を読んで，あとの設問に答えなさい。

休日に，中学生の琴音《ことね》は，留学生のオリビア(Olivia)と街中を歩きながら話しています。

Kotone: Are you in the art club?

Olivia: Yes. I like drawing pictures. I'm good at drawing bears and dogs. I draw them with pencils and crayons.

Kotone: Really? I like seeing pictures in an art museum, but I'm not good at drawing.

Olivia: Don't say that. You can draw pictures, too.
（Don't say that. ＝ そんなこと言わないでください。）

Kotone: Do you have your pictures at home?

Olivia: Yes. You can come and see them.

(1) 本文の内容に合うように，次の(　)に適する日本語を書きなさい。

琴音は(　　　　　　　　　　　　　　　　)ことが好きである。

(2) 次の質問に，オリビアになったつもりで英語で答えなさい。

[1] Are you good at drawing bears? ＿＿＿＿＿＿＿＿＿＿

[2] Do you use pencils and crayons? ＿＿＿＿＿＿＿＿＿＿

(3) 本文の内容と合うものを1つ選びなさい。

ア　オリビアは美術部に入っている。

イ　琴音は自分は絵がじょうずだと思っている。

ウ　オリビアの描いた絵はすべて学校にある。　　(　　　)

4 リスニング　音声を聞いて，あとの問いに答えなさい。

英語音声

AI-24

中学生の浩司《こうじ》と留学生のエリザベス(Elizabeth)が好きなことについて話しています。会話の内容に合うように(　)に日本語を補って，文を完成させなさい。

浩司もエリザベスも(　　　　　　　　　　　　　　　　)ことが好きである。

らくらくマルつけ

Aa-24

OUTPUT! 25

誕生日をたずねる・答える

ちょこっとインプット
AI-25

答えと解き方➡別冊 p.19

1 英単語　意味を書き，つづりも書いて，覚えましょう。

□(1)	when	意味	when
□(2)	January	意味	January
□(3)	March	意味	March
□(4)	July	意味	July
□(5)	August	意味	August
□(6)	first	意味	first
□(7)	twelfth	意味	twelfth
□(8)	birthday	意味	birthday
□(9)	tomorrow	意味	tomorrow
□(10)	today	意味	today

2 読解　次の英文を読んで，あとの設問に答えなさい。

中学生の健吾《けんご》は，留学生のジム(Jim)と話しています。

Kengo: [①] is your birthday?

Jim: It's March 20.

Kengo: Wow! It's tomorrow. ② Are you excited?

Jim: Yes. It's always a special day to me.

(1) 日時のたずね方　[①] に入る英語1語を書きなさい。

＿＿＿＿＿＿＿＿

(2) 状態のたずね方　下線部②を日本語にしなさい。

(　　　　　　　　　　　　　　　　　　　　)

(3) 内容の理解　本文の内容と合うものを1つ選びなさい。

ア　ジムの誕生日は5月20日である。

イ　今日は3月19日である。

ウ　誕生日はジムにとって特別な日ではない。　(　　　　)

ヒント
(1) 相手は何を答えている？
(2) クエスチョンマーク(?)があるので疑問文。
(3) 月と日の単語に注意。

3 読解　次の英文を読んで，あとの設問に答えなさい。

中学生の美穂《みほ》は，留学生のウェンディー(Wendy)と話しています。

Miho:　Hi, Wendy. When's《When isの短縮形》 your birthday?

Wendy: It's July 5.

Miho:　I see. What do you do on your birthday?

Wendy: I usually have a party《パーティー》 with my family and friends. At the party, we eat cake《ケーキ》 and play games《ゲーム》.

Miho:　Do you get《もらう》 some presents《プレゼント》 for your birthday?

Wendy: Yes. My mother gives a bag to me every year《年》.

Miho:　Great! I want to join your party, too.

(1) ウェンディーの誕生日はいつか，次の(　)に適する算用数字を入れなさい。

(　　　　)月(　　　　)日

(2) 次の質問に，ウェンディーになったつもりで英語で答えなさい。

[1]　What do you get from your mother for your birthday?

＿＿＿＿＿＿＿＿＿＿＿＿＿＿＿＿

[2]　What do you eat at the birthday party?　＿＿＿＿＿＿＿＿

(3) 本文の内容と合わないものを1つ選びなさい。

ア　ウェンディーの誕生日パーティーは家族だけで行う。

イ　ウェンディーの誕生日パーティーではゲームをする。

ウ　美穂はウェンディーの誕生日パーティーに参加したいと思っている。

(　　　　)

4 リスニング　音声を聞いて，あとの問いに答えなさい。

英語音声

AI-25

中学生の紀子《のりこ》と留学生のケビン(Kevin)が話しています。ケビンの誕生日をア～ウから1つ選びなさい。

ア　8月11日　　イ　10月11日　　ウ　10月12日　　(　　　　)

らくらくマルつけ

Aa-25

OUTPUT! 26

スポーツの話題

ちょこっとインプット

Ai-26

答えと解き方➡別冊 p.19

1 英単語　意味を書き，つづりも書いて，覚えましょう。

□(1)	Olympic	意味	Olympic
□(2)	game	意味	game
□(3)	stadium	意味	stadium
□(4)	tennis	意味	tennis
□(5)	athletics	意味	athletics
□(6)	archery	意味	archery
□(7)	jogging	意味	jogging
□(8)	canoe	意味	canoe
□(9)	throw	意味	throw
□(10)	on TV	意味	on TV

2 読 解　次の英文を読んで，あとの設問に答えなさい。

中学生の翔《しょう》太《た》は，留学生のベラ(Bella)とスポーツについて話しています。

Shota: ① What sport do you play?

Bella: I play tennis. I belong to the tennis team now. I [②] every day.

Shota: Wow! Do you like watching tennis?

Bella: Yes, I do. I often watch tennis on TV.

(1) するスポーツのたずね方　下線部①を日本語にしなさい。

(　　　　　　　　　　　　　　　　　　　　)

(2) 「練習する」　[②] に「練習する」という意味の英語1語を入れなさい。

____

(3) 内容の理解　本文の内容と合わないものを1つ選びなさい。

ア　ベラはテニスをする。

イ　ベラはテニス部に所属している。

ウ　ベラはよくスタジアムでテニスを見る。　(　　　　　　)

ヒント

(1) what「何の，どんな」

(2) 動詞が入る。

(3) 単語に気をつけながら文を読む。

3 読解　次の英文を読んで，あとの設問に答えなさい。

中学生の奈央《なお》は，留学生のルーク(Luke)と話しています。

Nao: Do you watch the Olympic《オリンピック》 Games on TV?

Luke: Yes. I love sports.

Nao: I see. What sport do you play?

Luke: I play basketball. It's a lot of fun. How about you?

Nao: I play tennis. You have a brother, right? Do you play basketball with him?

Luke: Yes. I play it with my brother Jack on Sundays. And we sometimes watch basketball games online《オンラインで》.

(1) 下線部はだれのことですか。本文中から１語で抜き出して書きなさい。

(2) 奈央がするスポーツを日本語で書きなさい。　(　　　　　　)

(3) 次の質問に，ルークになったつもりで英語で答えなさい。

［1］ Does your brother play basketball?

［2］ When do you play basketball?

(4) 本文の内容に合うものには○，合わないものには×を書きなさい。

ア (　　　) ルークはテレビでオリンピックを見る。

イ (　　　) ルークはバスケットボールがとても楽しいと思っている。

ウ (　　　) ルークはときどき体育館でバスケットボール観戦をする。

4 リスニング　音声を聞いて，あとの問いに答えなさい。

英語音声

AI-26

中学生の一博《かずひろ》と留学生のジュリア(Julia)が話しています。一博が得意なスポーツをア～ウから１つ選びなさい。

ア スキー　　イ スケート　　ウ スキーとスケート　　(　　　)

らくらくマルつけ

Aa-26

27 映画の話題

ちょこっとインプット
Ai-27

答えと解き方➡別冊 p.20

1 英単語　意味を書き，つづりも書いて，覚えましょう。

□(1)	movie	意味	movie
□(2)	about	意味	about
□(3)	star	意味	star
□(4)	life	意味	life
□(5)	laugh at ...	意味	laugh at ...
□(6)	actor	意味	actor
□(7)	florist	意味	florist
□(8)	astronaut	意味	astronaut
□(9)	vet	意味	vet
□(10)	where	意味	where

2 読解　次の英文を読んで，あとの設問に答えなさい。

中学生の莉子《りこ》は，留学生のヘンリー(Henry)と話しています。

Riko: I like movies. How about you?

Henry: Me, too. What [①] of movies do you watch?

Riko: I watch comedy《コメディー》 movies. ② We can laugh at comedies.

Henry: I love adventure《冒険》 movies. Let's watch a movie after school.

(1) 好きなもののたずね方　[①] に k で始まる英語 1 語を入れて英文を完成させなさい。

＿＿＿＿＿＿

(2) 「…できる」の言い方　下線部②を日本語にしなさい。

(　　　　　　　　　　　　　　　　)

(3) 内容の理解　本文の内容と合わないものを 1 つ選びなさい。

ア　莉子もヘンリーも映画が好きである。

イ　莉子はコメディー映画を見る。

ウ　ヘンリーは冒険映画が好きではない。　(　　　　)

ヒント

(1) 映画の「種類」を答えていることに注目。

(2) can は「…できる」という意味を表す。

(3) 「好き」は like のほかに love などでも表せる。

3 読解　次の英文を読んで，あとの設問に答えなさい。

休日に，中学生の里奈《りな》は，留学生のアレックス(Alex)と街中を歩いています。

Alex:　Do you often watch movies?

Rina:　Yes.　I watch them at a theater.

Alex:　A theater?　Where is it?

Rina:　It's by《…のそばに》 the library.　I often go <u>there</u> with Koharu《小春》.

Alex:　Koharu?　Does she like movies, too?

Rina:　Yes, she does.　We love animal movies.　She sometimes comes to my house and we watch movies together.

Alex:　That sounds《…に聞こえる》 nice.　I usually watch movies online at home.　I don't go to theaters.

(1)　下線部が指す場所になるように，(　)に日本語を書きなさい。

(　　　　　　　　　　)のそばにある(　　　　　　　　　　)

(2)　次の質問に英語で答えなさい。

What kind of movies does Rina like?

____

(3)　本文の会話の内容と<u>合わないもの</u>を１つ選びなさい。

ア　小春《こはる》も映画が好きである。

イ　里奈はときどき家で小春と映画を見る。

ウ　アレックスはふだんは映画館で映画を見る。　　(　　　　)

4 リスニング　音声を聞いて，あとの問いに答えなさい。

英語音声

AI-27

中学生の未来《みく》と留学生のパトリック(Patrick)が話しています。下の会話の_____に１語ずつ補って，会話を完成させなさい。

Patrick: Miku, where is the bookstore?

Miku:　It is ________ ________ ________.

らくらくマルつけ

Aa-27

OUTPUT! 28

好きな食べ物・苦手な食べ物

ちょこっとインプット

Ai-28

答えと解き方➡別冊 p.21

1 英単語　意味を書き，つづりも書いて，覚えましょう。

- □ (1) spicy　意味 ＿＿＿＿　spicy
- □ (2) sour　意味 ＿＿＿＿　sour
- □ (3) fruit　意味 ＿＿＿＿　fruit
- □ (4) banana　意味 ＿＿＿＿　banana
- □ (5) peach　意味 ＿＿＿＿　peach
- □ (6) watermelon　意味 ＿＿＿＿　watermelon
- □ (7) vegetable　意味 ＿＿＿＿　vegetable
- □ (8) potato　意味 ＿＿＿＿　potato
- □ (9) onion　意味 ＿＿＿＿　onion
- □ (10) too　意味 ＿＿＿＿　too

2 読解　次の英文を読んで，あとの設問に答えなさい。

中学生の愛《あい》子《こ》は，インド出身の留学生のスミタ(Smita)と昼食を食べています。

Aiko:　Smita, what kind of food do you like?

Smita: ① I like curry.　I often eat it.　How about you?

Aiko:　I can't eat curry.　② それは辛すぎます。 I like fish.

Smita: I like fish, too.　But I can't eat *sashimi*.

(1) 好きなものの言い方　下線部①を日本語にしなさい。

(　　　　　　　　　　　　)

(2) 味の伝え方　次の＿＿に英語２語を入れ，下線部②の意味を表しなさい。　It's ＿＿＿＿＿＿＿＿＿＿.

(3) 内容の理解　本文の内容と合うものを１つ選びなさい。

ア　スミタはカレーはあまり食べない。

イ　スミタは魚が好きではない。

ウ　スミタはさしみを食べられない。　(　　　　)

ヒント

(1) like「…が好きだ」

(2)「…すぎる」は too を使って表す。

(3) 主語と，否定文かどうかを見分ける。

③ 読 解　次の英文を読んで，あとの設問に答えなさい。

中学生の亮一《りょういち》は，留学生のパーカー(Parker)と話しています。

Ryoichi: What do you eat [①] breakfast?

Parker: I eat salad《サラダ》. I eat it every morning.

Ryoichi: Oh, I don’t like vegetables. I can only eat potatoes.

Parker: Oh, really? What do you eat [①] breakfast?

Ryoichi: I eat rice, *natto* and miso soup《みそ汁》. I like Japanese food. How about you?

Parker: Me, too. Japanese food is healthy《健康的な》.

Ryoichi: Right《その通り。》. Ms. Gray likes it, too. She often eats tofu.

(1) 2つの [①] に共通して入る英語1語を書きなさい。　＿＿＿＿＿＿

(2) 亮一が食べられる野菜を日本語で書きなさい。　(　　　　　　　　)

(3) 次の質問に，[1] は亮一，[2] はパーカーになったつもりで英語で答えなさい。

[1] Do you like vegetables?　＿＿＿＿＿＿＿＿＿＿

[2] Do you like Japanese food?　＿＿＿＿＿＿＿＿＿＿

(4) 本文の内容に合うものには○，合わないものには×を書きなさい。

ア (　　　) パーカーは毎朝サラダを食べる。

イ (　　　) パーカーは日本食は健康的だと言っている。

ウ (　　　) グレイ先生(Ms. Gray)は日本食があまり好きではない。

④ リスニング　音声を聞いて，あとの問いに答えなさい。

＼英語音声／

AI-28

英語の授業でウィリス先生(Ms. Willis)が中学生の悟《さとる》に質問しています。悟が苦手な食べ物をア～ウから1つ選びなさい。

ア 焼き魚　イ 焼きそば　ウ たこ焼き　(　　　　)

らくらく
＼マルつけ／

Aa-28

OUTPUT! 29

将来の夢をたずねる

ちょこっとインプット
Ai-29

答えと解き方➡別冊 p.21

1 英単語　意味を書き，つづりも書いて，覚えましょう。

□(1) dream　意味 ＿＿＿＿　dream
□(2) zookeeper　意味 ＿＿＿＿　zookeeper
□(3) singer　意味 ＿＿＿＿　singer
□(4) comedian　意味 ＿＿＿＿　comedian
□(5) doctor　意味 ＿＿＿＿　doctor
□(6) firefighter　意味 ＿＿＿＿　firefighter
□(7) chorus　意味 ＿＿＿＿　chorus
□(8) help　意味 ＿＿＿＿　help
□(9) perform　意味 ＿＿＿＿　perform
□(10) someday　意味 ＿＿＿＿　someday

2 読 解　次の英文を読んで，あとの設問に答えなさい。

中学生の健太《けんた》は，留学生のエミリー(Emily)と話しています。

Kenta: What do you want to be in the future《将来》?
Emily: I want to be a zookeeper. I like animals. I go to a zoo every month《月》. How about you?
Kenta: I like animals, too. I have two dogs and a cat. I want to be a vet in the future.

(1) 将来の夢のたずね方　下線部を日本語にしなさい。
(　　　　　　　　　　　　)

(2) 習慣の伝え方　本文の内容に合うように日本語を書きなさい。
エミリーは毎月，(　　　　　　　　　　)に行く。

(3) 内容の理解　本文の内容と合わないものを１つ選びなさい。
ア　エミリーは動物園の飼育係になりたいと思っている。
イ　健太はイヌを１ぴき，ネコを２ひき飼っている。
ウ　健太は獣医になりたいと思っている。　(　　　)

ヒント
(1) want to be ... は「…になりたい」の意味。
(2) 与えられた日本文から考える。
(3) 単語を間違えないようによく見ること。

3 読解　次の英文を読んで，あとの設問に答えなさい。

ショーン先生(Mr. Sean)は，生徒の桜《さくら》，信男《のぶお》，恵里佳《えりか》に将来の夢について質問しています。

Mr. Sean: Hello, everyone. What is your [①]? What do you want to be in the future?

Sakura: I want to be a singer. I belong to the chorus club and practice hard five days a week. I like singing.

Nobuo: I want to be a comedian. Someday I want to perform in a big hall《ホール》.

Erika: I want to be a doctor. I want to help people all over the《世界中》 world《の》. I still can't speak English well, so I need to《…する必要がある》 study English hard.

(1) [①] に「夢」という意味の英語1語を入れなさい。　＿＿＿＿＿

(2) 信男がなりたい職業を，ア～ウから1つ選びなさい。

ア　獣医　　イ　歌手　　ウ　お笑い芸人　　(　　　)

(3) 次の質問に，[1] は信男，[2] は恵里佳になったつもりで英語で答えなさい。

[1] Where do you want to perform?

＿＿＿＿＿＿＿＿＿＿＿＿＿＿＿＿

[2] Can you speak English well now? ＿＿＿＿＿＿＿＿

(4) 本文の内容に合うものを1つ選びなさい。

ア　桜は医者になりたいと言っている。

イ　桜は合唱部で週に4日練習している。

ウ　恵里佳は世界中の人々を助けたいと言っている。　(　　　)

4 リスニング　音声を聞いて，あとの問いに答えなさい。

英語音声

AI-29

中学生の佳乃《よしの》と留学生のアラン(Allan)の2人が話しています。会話の内容に合うように(　)に日本語を補って，文を完成させなさい。

(1) 佳乃は (　　　　　　　　　　)になりたいと思っている。

(2) アランは(　　　　　　　　　　)になりたいと思っている。

らくらくマルつけ

Aa-29

OUTPUT! 30

カフェに行く

ちょこっとインプット
Ai-30

答えと解き方➡別冊 p.22

1 英単語　意味を書き，つづりも書いて，覚えましょう。

□(1) cafe　意味 ________　cafe ________
□(2) juice　意味 ________　juice ________
□(3) dessert　意味 ________　dessert ________
□(4) pie　意味 ________　pie ________
□(5) grape　意味 ________　grape ________
□(6) orange　意味 ________　orange ________
□(7) sweet　意味 ________　sweet ________
□(8) dish　意味 ________　dish ________
□(9) drink　意味 ________　drink ________
□(10) would like ...　意味 ________　would like ... ________

2 読解　次の英文を読んで，あとの設問に答えなさい。

中学生の千絵《ちえ》は，留学生のアンディ（Andy）と街中を歩いています。

Andy: I often go to that cafe. Let's go there.

Chie: Um《ええと，うーん》, I can't drink coffee. It's too bitter for me.

Andy: Don't worry《心配する》. You can have tea or《…かまたは～》 juice. The cafe isn't famous, but all《全部》 the drinks there are good.

Chie: Really? I want to give it a try《試す》 then《それなら》.

(1) 「そこで」　下線部はどこのことか，英語1語で書きなさい。

____

(2) 習慣の伝え方　本文の内容に合うように日本語を書きなさい。

千絵はコーヒーが苦すぎて（　　　　　　　　　　　　）。

(3) 内容の理解　本文の内容と合うものを1つ選びなさい。

ア　アンディはそのカフェに行ったことがない。

イ　そのカフェは有名ではない。

ウ　そのカフェはコーヒーだけがおいしい。　（　　　　　）

ヒント
(1) 前の文に注目。
(2) 与えられた日本文から考える。
(3) not があるかどうかをよく見ること。

3 読解　次の英文を読んで，あとの設問に答えなさい。

千絵とアンディは，カフェに入店しました。

Chie: Wow! They have cakes.

Andy: Yes. They are delicious. We can have apple pie《アップルパイ》, macarons《マカロン》, and fruit parfaits《パフェ》 here, too.

Chie: Good! I like sweets《甘いお菓子》 very much. I'd《I wouldの短縮形》 like a parfait. How about you?

Andy: Me, too. This parfait has a lot of fruit. It has grapes, oranges and peaches.

Chie: OK. I'd like the fruit parfait and tea.

Andy: I'd like the fruit parfait and coffee.

(1) フルーツパフェに入っていない果物を，ア～ウから1つ選びなさい。

ア オレンジ　イ リンゴ　ウ ブドウ　(　　　)

(2) 次の質問に英語で答えなさい。

[1] Are the cakes at the cafe delicious? ＿＿＿＿＿＿＿＿

[2] Does the cafe have macarons? ＿＿＿＿＿＿＿＿

(3) 本文の内容に合わないものを1つ選びなさい。

ア カフェではアップルパイが食べられる。

イ 千絵は甘いものが大好きである。

ウ アンディはパフェと紅茶を注文する。　(　　　)

4 リスニング　音声を聞いて，あとの問いに答えなさい。

英語音声

AI-30

中学生の猛《たける》と留学生のシェリー(Sherry)が話しています。2人が飲みたいものを下のア～ウから1つずつ選びなさい。

(1) 猛 (　　　)　(2) シェリー (　　　)

ア コーヒー　イ 紅茶　ウ ジュース

らくらくマルつけ

Aa-30

OUTPUT! 31 人気スイーツ店に並ぶ

ちょこっとインプット
Ai-31

答えと解き方➡別冊 p.23

1 英単語　意味を書き，つづりも書いて，覚えましょう。

		意味	
□(1)	pancake	意味	pancake
□(2)	lemon	意味	lemon
□(3)	strawberry	意味	strawberry
□(4)	apple	意味	apple
□(5)	chocolate	意味	chocolate
□(6)	crowded	意味	crowded
□(7)	wait	意味	wait
□(8)	open	意味	open
□(9)	closed	意味	closed
□(10)	tired	意味	tired

2 読 解　次の英文を読んで，あとの設問に答えなさい。

中学生の裕太《ゆうた》は，クラスの留学生であるサラ(Sarah)と人気のカフェに来ています。

Yuta: Wow! This cafe is always crowded.

Sarah: Yes. I don't like waiting for a long time《長い間》.

Yuta: Their《彼らの》 fruit tarts《タルト》 are delicious. They have a strawberry one《もの》.

Sarah: That sounds great. I want to try《食べてみる》 it. I love strawberries.

(1) 店の状況の伝え方　下線部を日本語にしなさい。

(　　　　　　　　　　　　　　　　　　　　　)

(2) メニューの伝え方　カフェにはどんなスイーツがありますか。日本語で書きなさい。

(　　　　　　　　　　　　　　　　　　　　　)

(3) 内容の理解　本文の内容と合うものを1つ選びなさい。

ア　サラは長い間待つのが好きではない。

イ　サラはフルーツタルトは食べたくない。

ウ　サラはイチゴがあまり好きではない。　(　　　　)

ヒント

(1) crowded は「こみ合った」という意味。

(2) カフェにあるものについて話しているところを探す。

(3) it が何を指すのかに注意して文を読むこと。

3 読解　次の英文を読んで，あとの設問に答えなさい。

中学生の真帆《まほ》は，留学生のジョン(John)と人気のパンケーキ屋に並んでいます。

John: What time does this shop《店》 open?

Maho: At eleven. I'm tired of《…にうんざりする》 waiting《待つこと》!

John: Tomorrow is Friday. This shop is closed on Fridays. I want to eat pancakes today.

Maho: Me, too. I want to have chocolate pancakes. They're popular at this shop.

John: I want to have banana pancakes. I love bananas.

(1) 下線部を日本語にしなさい。

(　　　　　　　　　　　　　　　　　　　　　　　　)

(2) 本文の会話が行われているのは何曜日か，日本語で書きなさい。　(　　　　　　)

(3) 次の質問に，ジョンになったつもりで英語で答えなさい。

［1］ Do you like bananas? ________________

［2］ Can you eat pancakes at this shop tomorrow?

____

(4) 本文の内容に合うものには○，合わないものには×を書きなさい。

ア (　　　) パンケーキ屋は 11 時に開店する。

イ (　　　) パンケーキ屋は水曜日は休業している。

ウ (　　　) 真帆はバナナのパンケーキが食べたいと言っている。

4 リスニング　音声を聞いて，あとの問いに答えなさい。

英語音声

AI-31

夏美《なつみ》と留学生のマイケル(Michael)が話しています。会話の内容に合うように ____ に1語ずつ補って，文を完成させなさい。

The cake shop is closed on ________ and ________.

らくらくマルつけ

Aa-31

新しい洋服・くつを買う

ちょこっとインプット

Ai-32

答えと解き方➡別冊 p.24

1 英単語　意味を書き，つづりも書いて，覚えましょう。

□(1)	clothes	意味	clothes
□(2)	T-shirt	意味	T-shirt
□(3)	sweater	意味	sweater
□(4)	shoe	意味	shoe
□(5)	color	意味	color
□(6)	red	意味	red
□(7)	blue	意味	blue
□(8)	one	意味	one
□(9)	thousand	意味	thousand
□(10)	get	意味	get

2 読解　次の英文を読んで，あとの設問に答えなさい。

中学生の美《み》沙《さ》は，英語の授業で日曜日にすることを発表しています。

① I sometimes go shopping on Sundays. I usually go to a clothes store near my house by bike. The store has a lot of cute clothes. I often buy a T-shirt there. I like new clothes. My favorite ② (色) is red. My brother likes white《白》, so I sometimes buy a white T-shirt for him.

(1) 行動の伝え方　下線部①を日本語にしなさい。

(　　　　　　　　　　　　　　　　　　　　　　　　　　)

(2) 「色」の表し方　②の(　)内の日本語を英語1語で書きなさい。

____

(3) 内容の理解　本文の内容と合わないものを1つ選びなさい。

ア　美沙は歩いて服屋に行く。

イ　美沙はよく服屋でＴシャツを買う。

ウ　美沙のお気に入りの色は赤である。　(　　　　　)

ヒント

(1) go shopping は「買い物に行く」という意味。

(2) つづりに気をつける。

(3) 〈by ＋ 乗り物〉で「…で」と交通手段を表す。

3 読解　次の英文を読んで，あとの設問に答えなさい。

中学生の麗《れい》は，留学生のニック(Nick)と買い物に出かけています。

Nick: I want new shoes.　Where can I buy them?

Rei:　At the shoe shop near the station.　... We're here!《着きました！》

Nick: Thanks.《ありがとう。》　I want blue running shoes.《ランニングシューズ》　Blue is [　①　].

Rei:　I see.　How about these《これらの》 blue ② ones?

Nick: Um, they're ten thousand yen《円》!　I can't buy them.

Rei:　OK.　Then how about these《これら》?

Nick: Five thousand yen?　Good!　Do you want to buy new shoes, too?

Rei:　No.　I want to buy a sweater.

(1) [　①　] に「私のお気に入りの色」という意味の英語3語を入れなさい。

__________　__________　__________

(2) 下線部②が指すものを英語1語で書きなさい。　__________

(3) 次の質問に，[1] はニック，[2] は麗になったつもりで英語で答えなさい。

[1]　What shoes do you want?　____________________

[2]　What do you want to buy?　____________________

(4) 本文の内容と合わないものを1つ選びなさい。

ア　くつは駅の近くの店で買うことができる。

イ　ニックは10,000円のくつを買うつもりである。

ウ　麗はくつは買わないつもりである。　(　　　　)

4 リスニング　音声を聞いて，あとの問いに答えなさい。

英語音声

AI-32

中学生の拓《たく》也《や》と留学生のメアリー(Mary)が話しています。2人がほしがっているものを下のア～ウから1つずつ選びなさい。

(1) 拓也 (　　　　)　(2) メアリー (　　　　)

ア　赤いTシャツ　イ　青いくつ　ウ　赤いくつ

らくらくマルつけ

Aa-32

OUTPUT! 33

ファストフード店での注文

ちょこっとインプット
Ai-33

答えと解き方➡別冊 p.25

1 英単語　意味を書き，つづりも書いて，覚えましょう。

□(1)	fried chicken	意味	fried chicken
□(2)	hamburger	意味	hamburger
□(3)	French fries	意味	French fries
□(4)	soup	意味	soup
□(5)	soda pop	意味	soda pop
□(6)	please	意味	please
□(7)	clerk	意味	clerk
□(8)	order	意味	order
□(9)	dollar	意味	dollar
□(10)	would like to ...	意味	would like to ...

2 読解　次の英文を読んで，あとの設問に答えなさい。

中学生の彰《あきら》は，旅行先のアメリカのファストフード店で注文しています。

Clerk: [①] would you like?

Akira: ② I would like soup, salad and fried chicken.

Clerk: [①] would you like to drink?

Akira: A soda pop, please.

(1) 注文の受け方　2つの [①] に共通して入る英語1語を書きなさい。

＿＿＿＿＿＿＿＿

(2) 店員への伝え方　下線部②の短縮形を書きなさい。

＿＿＿＿＿＿＿＿

(3) 内容の理解　本文の内容と合わないものを1つ選びなさい。

ア　彰はサラダを注文した。

イ　彰はフライドチキンを注文した。

ウ　彰は飲み物を注文しなかった。　(　　　　)

ヒント

(1) 彰の答えに注目。

(2) would を縮めると？

(3) 文の流れをよく見ること。

3 読 解　次の英文を読んで，あとの設問に答えなさい。

彰は次の日，別のファストフード店で注文しています。

Clerk: Welcome《…へようこそ。》 to our shop. What can I get for you?

Akira: I'd like a hamburger and French fries.

Clerk: Sure.《かしこまりました。》 What would you like to [①] ?

Akira: An orange juice, please. ② That's all.

Clerk: OK. For here or to go?《店内でお召し上がりですか，それともお持ち帰りですか。》

Akira: For here.

Clerk: Sure. Seven dollars, please.

Akira: Here you are.《はい，どうぞ。》

(1) 本文の内容にあてはまるように，[①] に d から始まる英語 1 語を入れなさい。

____

(2) 下線部②を日本語にしなさい。　(　　　　　　　　　　)

(3) 次の質問に，彰になったつもりで英語で答えなさい。

Do you want tea? ____________________

(4) 本文の内容と合うものを2つ選びなさい。

ア　彰はハンバーガー 1 つとフライドポテトだけを注文した。

イ　彰はオレンジジュースを注文した。

ウ　彰は店内で食べるつもりである。

エ　会計は 17 ドルになった。　(　　　　)(　　　　)

4 リスニング　音声を聞いて，あとの問いに答えなさい。

英語音声

AI-33

中学生の小《こ》雪《ゆき》がファストフード店で注文しています。注文していないものをア～エからすべて選びなさい。

ア　フライドチキン　　イ　フライドポテト

ウ　コーヒー　　エ　サイダー　(　　　　　　)

らくらく
マルつけ

Aa-33

OUTPUT! 34

スーパーで買い物をする

ちょこっとインプット

Ai-34

答えと解き方➡別冊 p.25

1 英単語 意味を書き，つづりも書いて，覚えましょう。

□(1)	carrot	意味 ____	carrot
□(2)	broccoli	意味 ____	broccoli
□(3)	tomato	意味 ____	tomato
□(4)	lettuce	意味 ____	lettuce
□(5)	cucumber	意味 ____	cucumber
□(6)	hundred	意味 ____	hundred
□(7)	need	意味 ____	need
□(8)	bring	意味 ____	bring
□(9)	take	意味 ____	take
□(10)	plastic bag	意味 ____	plastic bag

2 読解 次の英文を読んで，あとの設問に答えなさい。

中学生の加奈《かな》は，ホームステイ中の留学生のマックス(Max)とスーパーに来ています。

Kana: I want to cook curry for dinner. We need carrots, onions and potatoes. ① Can you bring them to me?

Max: OK. ... Here you are. [②] are they?

Kana: About《約》 seven hundred yen. Oh, we need meat and curry roux《ルー》, too.

(1) お願いのしかた 下線部①を日本語にしなさい。

(　　　　　　　　　　　　　　　　)

(2) 値段の聞き方 [②] に入る英語2語を書きなさい。

________ ________

(3) 内容の理解 本文の内容と合うものを1つ選びなさい。

ア 加奈たちは昼食にカレーを作るつもりだ。

イ 加奈たちの会計は全部で700円ほどになる。

ウ 加奈たちはカレールーも買うつもりだ。　(　　　　)

ヒント

(1) Can you ～？は「～してくれますか」という意味。

(2)「いくらですか」と値段を聞く表現。

(3) 加奈の発言に注意。

3 読解　次の英文を読んで，あとの設問に答えなさい。

留学生のダニエル(Daniel)は，スーパーに買い物に来ています。

Daniel: Excuse me.《すみません。》 I want to buy some eggs《卵》. Where are ① they?

Clerk: They are on aisle 3《3番通路》. Can I take you ② there?

Daniel: Yes, please.

Clerk: Follow《ついて行く》 me, please. ... Here you are.

Daniel: Thank you.

(At the checkout counter《レジ》.)

Clerk: Two hundred and fifty yen, please.

Daniel: Do you have free《無料の》 plastic bags?

Clerk: No, we don't. A plastic bag is five yen.

Daniel: OK. One plastic bag, please.

(1)　下線部①が指すものを日本語で書きなさい。　(　　　　　　)

(2)　下線部②が指す場所を日本語で書きなさい。　(　　　　　　)

(3)　ダニエルはいくら払うことになるか。算用数字で答えなさい。　(　　　　　　)円

(4)　本文の内容と合うものを1つ選びなさい。

ア　店員は，商品がある場所までダニエルを連れていった。

イ　このスーパーではレジ袋を無料でもらえる。

ウ　ダニエルはレジ袋を使わない。　(　　　　)

4 リスニング　音声を聞いて，あとの問いに答えなさい。

英語音声

Al-34

カナダに留学中の隆志《たかし》は，ホストマザーにおつかいを頼まれました。隆志がスーパーで買うべきものをア～エから<u>すべて</u>選びなさい。

ア　レタス　　イ　ブロッコリー　　ウ　トマト　　エ　キュウリ

(　　　　　　)

らくらくマルつけ

Aa-34

OUTPUT! 35

オンラインで買い物をする

ちょこっとインプット
Ai-35

答えと解き方➡別冊 p.26

1 英単語　意味を書き，つづりも書いて，覚えましょう。

□(1)	online	意味	online
□(2)	address	意味	address
□(3)	e-mail	意味	e-mail
□(4)	credit card	意味	credit card
□(5)	until	意味	until
□(6)	pay	意味	pay
□(7)	receive	意味	receive
□(8)	send	意味	send
□(9)	deliver	意味	deliver
□(10)	in cash	意味	in cash

2 読 解　次の英文を読んで，あとの設問に答えなさい。

文哉《ふみや》に，ホームステイ中のハリー(Harry)がスマートフォンを見ながら話しかけます。

Harry:　I want to buy this book online. How can I do it?

Fumiya: Enter《入力する》 my name here and my address here.

Harry:　OK … oh, but I don't have a credit card.

Fumiya: You can pay in cash at a convenience store《コンビニエンスストア》.

(1) 相手への伝え方　下線部が指す内容を，英語４語で書きなさい。

(2) 買い物のしかた　入力する必要がある内容を日本語で書きなさい。　文哉の（　　　　　　　　）

(3) 内容の理解　本文の内容と合うものを１つ選びなさい。

ア　ハリーは本を買うために本屋に行きたい。

イ　ハリーはクレジットカードを持っている。

ウ　本の代金はコンビニエンスストアで払うことができる。

（　　　　　）

ヒント

(1) 直前の内容に注目。

(2) オンラインでの買い物のしかたを説明しているところを探す。

(3) 「できる」を表す語に注目。

3 読解　次の英文を読んで，あとの設問に答えなさい。

瑛子《えいこ》は海外のオンラインショップのスタッフとチャットでやりとりしています。

Eiko: Hi. I ordered a black《黒い》 T-shirt from your online shop last Friday《この前の，昨…》. I received the T-shirt today, but it was white《白い》. I'd like to exchange《交換する》 ① <u>it</u> for a black T-shirt.

Staff《スタッフ》: I'm sorry, but《すみませんが…》 this black T-shirt is out of stock《在庫切れで》 now. We can't deliver ② <u>it</u> until October 20. Or《または》 you can send back《送り返す》 the white T-shirt and get a refund《返金》.

Eiko: I see. I'd like to get a refund.

Staff: Then please send it back. You don't need to《…する必要がある》 [③] the shipping《配送》 fee《料》.

(1) 下線部①，②はそれぞれ黒いTシャツと白いTシャツのどちらを指すか。「黒」か「白」で答えなさい。　①(　　　　)　②(　　　　)

(2) 瑛子は黒いTシャツをいつ注文したか。日本語で書きなさい。

(　　　　　　　　)

(3) [③] に入る語をア～ウから1つ選びなさい。

ア get　イ pay　ウ order　(　　　　)

(4) 本文の内容と合うものを1つ選びなさい。

ア 瑛子は白いTシャツがほしかった。

イ 瑛子は10月20日にTシャツを受け取った。

ウ 瑛子は返金を受けるつもりだ。　(　　　　)

4 リスニング　音声を聞いて，あとの問いに答えなさい。

英語音声

AI-35

中学生の玲奈《れな》と留学生のオリバー(Oliver)がスマートフォンを見ながら話しています。会話の内容に合うように(　)に日本語を補って，文を完成させなさい。

(1) 玲奈はオンラインショップで(　　　　　　)を買いたい。

(2) オリバーは(　　　　　　)色が好きだ。

らくらくマルつけ

Aa-35

OUTPUT! 36

道をたずねる・道案内をする

ちょこっとインプット
Ai-36

答えと解き方➡別冊 p.27

1 英単語　意味を書き，つづりも書いて，覚えましょう。

- □(1) turn ... at ～　意味 ＿＿＿＿　turn ... at ～
- □(2) right　意味 ＿＿＿＿　right
- □(3) left　意味 ＿＿＿＿　left
- □(4) straight　意味 ＿＿＿＿　straight
- □(5) corner　意味 ＿＿＿＿　corner
- □(6) post office　意味 ＿＿＿＿　post office
- □(7) hospital　意味 ＿＿＿＿　hospital
- □(8) police station　意味 ＿＿＿＿　police station
- □(9) second　意味 ＿＿＿＿　second
- □(10) find　意味 ＿＿＿＿　find

2 読解　次の英文を読んで，あとの設問に答えなさい。

中学生の圭《けい》は，街中で外国人の男性に話しかけられます。

Man: Excuse me. [①] is the museum?

Kei: Go straight along《…に沿って》 this street, and turn left [②] the third《3番目の》 corner. You can see it on your left. It's very big, so you can find it easily《簡単に》.

Man: Thank you.

(1) 道をたずねる　[①] に入る英語1語を書きなさい。

＿＿＿＿＿＿

(2) 道案内　[②] に入る語をア～ウから1つ選びなさい。

ア from　イ with　ウ at　(　　　)

(3) 内容の理解　本文の内容と合うものを1つ選びなさい。

ア 美術館は道をまっすぐ行ったところにある。

イ 美術館は男性の右手側に見えてくる。

ウ 美術館はとても大きいので見つけやすい。　(　　　)

ヒント

(1) 続く文で美術館がどこにあるかを答えている。

(2) 「…で左に曲がる」という意味。

(3) 男性の質問に対する圭の答えに注目。

❸ 読解　次の英文を読んで，あとの設問に答えなさい。

留学生のカーラ(Carla)は，買い物中に道に迷ったので，通りがかりの女性に声をかけました。

Carla:　Excuse me.　I want to buy a souvenir《みやげ》 from Japan.

Woman: You can buy ① it at the department store《デパート》.

Carla:　Where is ② it?

Woman: Go along this street, and turn [③] at the post office.

Then, go straight and turn left at the [④] corner.　You can see it on your right.

Carla:　I see. [⑤]

Woman: You're welcome《どういたしまして。》.

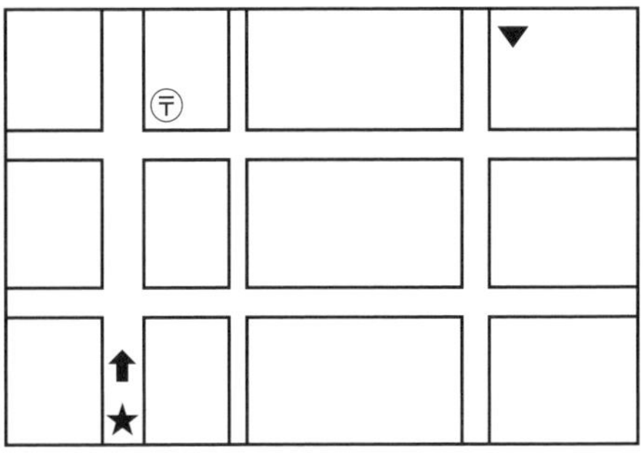

★：現在地　▼：デパート

(1)　下線部①が指すものを日本語で書きなさい。　(　　　　　　　　　　)

(2)　下線部②が指すものを日本語で書きなさい。　(　　　　　　　　　　)

(3)　デパートへの道案内になるように，[③]，[④] に入る語を，それぞれ英語1語で書きなさい。　③ ＿＿＿＿＿＿　④ ＿＿＿＿＿＿

(4)　[⑤] に入るものをア〜ウから1つ選びなさい。

ア　Thank you.

イ　Excuse me.

ウ　I'm sorry.　(　　　　)

❹ リスニング　音声を聞いて，あとの問いに答えなさい。

＼英語音声／

AI-36

中学生の渉《わたる》と留学生のリンダ(Linda)が話しています。下の会話の＿＿＿に1語ずつ補って，会話を完成させなさい。

Linda:　Where is the museum?

Wataru: ＿＿＿＿＿ ＿＿＿＿＿ at that corner.

It's ＿＿＿＿＿ ＿＿＿＿＿ right.

らくらく＼マルつけ／

Aa-36

OUTPUT! 37 駅で時間や目的地への行き方をたずねる

ちょこっとインプット

Ai-37

答えと解き方➡別冊 p.28

1 英単語 意味を書き，つづりも書いて，覚えましょう。

□(1) leave 意味 ______ ✎ leave

□(2) arrive 意味 ______ ✎ arrive

□(3) get to ... 意味 ______ ✎ get to ...

□(4) take a train 意味 ______ ✎ take a train

□(5) change trains 意味 ______ ✎ change trains

□(6) get off 意味 ______ ✎ get off

□(7) track number ... 意味 ______ ✎ track number ...

□(8) line 意味 ______ ✎ line

□(9) next 意味 ______ ✎ next

□(10) bound for ... 意味 ______ ✎ bound for ...

2 読 解 次の英文を読んで，あとの設問に答えなさい。

中学生の詩織《しおり》は，駅で外国人の男性に話しかけられます。

Man: Excuse me. ① Which train goes to the stadium《スタジアム［競技場］》?

Shiori: Take the train from track number 3. The next train leaves at ten.

Man: [②] is it now?

Shiori: It's nine fifty.

(1) 目的地への行き方をたずねる 下線部①を日本語にしなさい。

( )

(2) 時間をたずねる [②] に入る英語2語を書きなさい。

______ ______

(3) 内容の理解 本文の内容と合うものを1つ選びなさい。

ア 詩織は自分が乗るべき電車がわからなかった。

イ 3番線からの次の電車は10時に出発する。

ウ 現在の時刻は9時15分である。 ( )

ヒント

(1) which は「どの［どちらの］」という意味。

(2) 続く文で時刻を答えている。

(3) だれがどのような発言をしたかにも注意。

3 読解　次の英文を読んで，あとの設問に答えなさい。

> 留学生のマシュー(Matthew)は，藤井《ふじい》駅でクラスメートの杏奈《あんな》に声をかけられます。
>
> Anna: Hi, Matthew. What are you doing here?
>
> Matthew: Oh, hi, Anna. I want to meet《会う》 my friend at Sakurano Station. How can I get there?
>
> Anna: Take the Midori Line and get off at Nagayama Station. <u>電車を乗り換えなさい</u> there.
>
> Matthew: OK. Which line should《…すべき》 I take there?
>
> Anna: Take the Hokuto Line. Sakurano Station is the third station.
>
> Matthew: OK. Thanks. The next train leaves at 3:02. What time is it?
>
> Anna: It's three. Run, Matthew!

(1) 下線部の日本語を，英語２語で書きなさい。　＿＿＿＿ ＿＿＿＿

(2) マシューの目的地までの行き方になるように，＿＿にそれぞれ路線名や駅名を本文中から抜き出して入れなさい。

[1] ＿＿＿＿ Line　｜　[3] ＿＿＿＿ Line

Fujii Station ➡ [2] ＿＿＿＿ Station ➡ [4] ＿＿＿＿ Station

(3) 本文の内容と合うものを１つ選びなさい。

ア　杏奈は友だちに会おうとしている。

イ　マシューの目的地は，藤井駅から３駅離れている。

ウ　マシューが乗るべき電車は２分後に出発する。　(　　　)

4 リスニング　音声を聞いて，あとの問いに答えなさい。

＼英語音声／

AI-37

中学生の知佳《ち か》と留学生のロン(Ron)が話しています。下の会話の＿＿に１語ずつ補って，会話を完成させなさい。

Chika: What ＿＿＿＿ is it?

Ron: It's ＿＿＿＿.

らくらくマルつけ

Aa-37

OUTPUT! 38

病院に行く・体調を説明する

ちょこっとインプット
Ai-38

答えと解き方➡別冊 p.28

❶ 英単語　意味を書き，つづりも書いて，覚えましょう。

□(1)	fever	意味	＿＿＿＿	fever
□(2)	sore throat	意味	＿＿＿＿	sore throat
□(3)	stomachache	意味	＿＿＿＿	stomachache
□(4)	headache	意味	＿＿＿＿	headache
□(5)	runny nose	意味	＿＿＿＿	runny nose
□(6)	cold	意味	＿＿＿＿	cold
□(7)	other	意味	＿＿＿＿	other
□(8)	temperature	意味	＿＿＿＿	temperature
□(9)	take medicine	意味	＿＿＿＿	take medicine
□(10)	take a rest	意味	＿＿＿＿	take a rest

❷ 読 解　次の英文を読んで，あとの設問に答えなさい。

留学生のサンドラ(Sandra)は，体調を崩して病院に来ています。

Doctor: What's wrong?《どうしましたか。》

Sandra: I [①] a fever and a sore throat. They started《始まった》 last night.

Doctor: OK. Open《開ける》 your mouth《口》. Hmm《うーん》, maybe《もしかすると》 you [①] a cold. Take this medicine.

(1) 体調を説明する　2つの [①] に共通して入る英語1語を書きなさい。　＿＿＿＿

(2) 診察する　医者はどこを診察しましたか。日本語で書きなさい。　サンドラの(　　　　　　)

(3) 内容の理解　本文の内容と合うものを1つ選びなさい。

ア　サンドラは腹痛がしている。

イ　サンドラは先週から熱がある。

ウ　医者はサンドラに薬を飲むように言っている。

(　　　　)

ヒント

(1)「(症状)がある」と言うときの表現を考える。

(2) 医者が指示している部分に注目。

(3) ア「腹痛」，イ「先週」，ウ「薬を飲む」はそれぞれ英語で何と言う？

3 読解　次の英文を読んで，あとの設問に答えなさい。

イギリスに留学中の孝太郎《こうたろう》は，体調を崩して病院に来ています。

Kotaro: I have a headache.
Doctor: Do you have any《何か》 other symptoms《症状》?
Kotaro: Well, I feel《…に感じる》 cold.
Doctor: Did you check《確認する》 your temperature at home?
Kotaro: No, I didn't.
Doctor: Then let's check.　Hmm, you don't have a fever.　Take this medicine after meals《食事》.　Can you eat anything《何か》?
Kotaro: I can eat a little.
Doctor: That's good.　Drink a lot of water《水》 and take a good rest.

(1) 下線部を日本語にしなさい。

(　　　　　　　　　　　　　　　　　　　　　　　　　　　　)

(2) 孝太郎が薬を飲むべきタイミングを日本語で書きなさい。

食事の (　　　　　　　　　　)

(3) 次の質問に，孝太郎になったつもりで英語で答えなさい。

[1] Do you have a fever? ＿＿＿＿＿＿＿＿＿＿＿＿＿＿＿＿

[2] Can you eat a lot? ＿＿＿＿＿＿＿＿＿＿＿＿＿＿＿＿

(4) 本文の内容に合うものには○，合わないものには×を書きなさい。

ア (　　　) 孝太郎は寒気を感じている。

イ (　　　) 孝太郎は家で熱を測った。

ウ (　　　) 医者は孝太郎に，よく休むように言った。

4 リスニング　音声を聞いて，あとの問いに答えなさい。

英語音声

AI-38

留学生のエヴァン(Evan)と高木《たかぎ》先生が話しています。会話の内容に合うように，＿＿＿に1語ずつ補って，文を完成させなさい。

Evan has a ＿＿＿＿＿＿＿＿ and wants to go to the nurse's ＿＿＿＿＿＿ .

らくらくマルつけ

Aa-38

39 地元を紹介する

ちょこっとインプット Ai-39

答えと解き方➡別冊 p.29

1 英単語 意味を書き，つづりも書いて，覚えましょう。

□(1) prefecture 意味 ________ ✎ prefecture

□(2) north 意味 ________ ✎ north

□(3) south 意味 ________ ✎ south

□(4) east 意味 ________ ✎ east

□(5) west 意味 ________ ✎ west

□(6) sea 意味 ________ ✎ sea

□(7) beach 意味 ________ ✎ beach

□(8) seafood 意味 ________ ✎ seafood

□(9) fresh 意味 ________ ✎ fresh

□(10) famous for ... 意味 ________ ✎ famous for ...

2 読解 次の英文を読んで，あとの設問に答えなさい。

中学生の冬《ふゆ》香《か》は，ホームステイ中のイライザ(Eliza)に自分の市を紹介しています。

Fuyuka: Our city is in the south of the prefecture.

Eliza: What is famous in your city?

Fuyuka: It's famous for a big shrine. Many people visit it.

Eliza: I like old buildings 建物, so I want to go there.

(1) 地元についてたずねる 下線部を日本語にしなさい。

(　　　　　　　　　　　　　　　　　　　　)

(2) 地元を紹介する 冬香の市で有名なものを日本語で書きなさい。 (　　　　　　　　　　　　　　　　　　　　)

(3) 内容の理解 本文の内容と合うものを1つ選びなさい。

ア 冬香の住む市は，県の北側にある。

イ 冬香の市の神社にはたくさんの人が訪れる。

ウ イライザは市の遊園地に行きたがっている。(　　　　)

ヒント

(1) what で「何」という意味。

(2) famous for ... で「…で有名な」という意味になる。

(3) 文の単語を注意深くチェック。

3 読解　次の英文を読んで，あとの設問に答えなさい。

浜《はま》町に住む中学生の元晴《もとはる》は，姉妹校の生徒たちに向けて，浜町の紹介文を書きました。

My name is Motoharu. I'd like to introduce《紹介する》 our town, Hama-machi. It's a town near the sea. It's famous for fresh and delicious seafood. We can enjoy《…して楽しむ》 swimming in the beautiful sea. The beach is also beautiful. I like taking pictures there.

We have a nice cafe in front of《…の前の》 the station. We can have Japanese tea and Japanese sweets there, so it's popular among《…の間で》 foreign《外国の》 people.

Please come to our town someday!

(1) 下線部を日本語にしなさい。

(　　　　　　　　　　　　　　　　)

(2) 元晴が紹介しているカフェがある場所を日本語で書きなさい。

(　　　　　　　　　)

(3) 次の質問に英語で答えなさい。

[1] Where is Hama-machi? ______________________

[2] Does Motoharu like taking pictures on the beach?

____

(4) 本文の内容に合うものには○，合わないものには×を書きなさい。

ア (　　) 浜町の海は，泳ぐのに適していない。

イ (　　) 浜町の海や浜辺は美しい。

ウ (　　) カフェの洋菓子は外国人に人気である。

4 リスニング　音声を聞いて，あとの問いに答えなさい。

英語音声

AI-39

孝弘《たかひろ》と留学生のジェニー(Jennie)が話しています。会話の内容に合うように ______ に1語ずつ補って，文を完成させなさい。

Takahiro's town is famous for a very ________ ________.

らくらくマルつけ

Aa-39

OUTPUT! 40

地元のお祭りに参加する

ちょこっとインプット
Ai-40

答えと解き方➡別冊 p.30

1 英単語 意味を書き，つづりも書いて，覚えましょう。

□(1)	festival	意味		festival
□(2)	shrine	意味		shrine
□(3)	street food	意味		street food
□(4)	firework	意味		firework
□(5)	cotton candy	意味		cotton candy
□(6)	corn dog	意味		corn dog
□(7)	fun	意味		fun
□(8)	wear	意味		wear
□(9)	dance	意味		dance
□(10)	traditional	意味		traditional

2 読 解 次の英文を読んで，あとの設問に答えなさい。

中学生の眞子《まこ》は，ホームステイ中のアリス(Alice)といっしょに近所を歩いています。

Alice: ① Many people are wearing *yukata*《浴衣》.

Mako: Yes. We have a summer《夏》 festival at the shrine today.

Alice: That sounds exciting! Can we get food at stalls?

Mako: Yes! [②] the evening, we can see fireworks.

(1) 状況を説明する 下線部①を日本語にしなさい。

(　　　　　　　　　　　　　　　　　　　　)

(2) 時間を表す [②] に入る英語1語を書きなさい。

____

(3) 内容の理解 本文の内容と合わないものを1つ選びなさい。

ア 夏祭りは公園で行われる。

イ 夏祭りでは，食べ物の屋台が出店する。

ウ 夏祭りの話でアリスはわくわくした。 (　　　)

ヒント

(1) are ...ing は「…している」という意味。

(2) 「晩に」と言うときの前置詞を考える。

(3) at「…に[で]」のような場所を表す前置詞に注意する。

3 読解　次の英文を読んで，あとの設問に答えなさい。

中学生の大輔《だいすけ》は，留学生のジャック(Jack)といっしょに夏祭りに来ています。

Jack: I want to eat Japanese street food.

Daisuke: Then how about fried noodles?

Jack: Good. I want to try it. I also want cotton candy.

Daisuke: OK. I want to eat a corn dog. Let's go and get them. After that, let's try《やってみる》 *Bon-odori*《盆おどり》. I'm not good at it, but it's fun.

Jack: What is *Bon-odori*?

Daisuke: It's a traditional Japanese dance.

(1) ジャックが食べようとしているものを，日本語ですべて書きなさい。

(　　　　　　　　　　　　　　　　　　　　)

(2) 下線部を日本語にしなさい。

(　　　　　　　　　　　　　　　　　　　　)

(3) 次の質問に英語で答えなさい。

What does Daisuke want to eat?

____

(4) 本文の内容に合うものには○，合わないものには×を書きなさい。

ア (　　　) 大輔は，ジャックに屋台料理を1つ提案した。

イ (　　　) 大輔とジャックは，食べ物を買う前に盆おどりをする。

ウ (　　　) 大輔は盆おどりが得意だ。

4 リスニング　音声を聞いて，あとの問いに答えなさい。

英語音声

AI-40

中学生の可奈子《かなこ》と留学生のアレックス(Alex)が話しています。会話の内容に合うように(　)に日本語を補って，文を完成させなさい。

(1) アレックスは(　　　　　　　　　　　　　　)を食べてみたい。

(2) 可奈子は(　　　　　　　　　　　　　　)を楽しみにしている。

らくらくマルつけ

Aa-40

OUTPUT! 41

ボランティア活動をする

ちょこっとインプット
Ai-41

答えと解き方➡別冊 p.30

1 英単語　意味を書き，つづりも書いて，覚えましょう。

□(1)	volunteer	意味		volunteer
□(2)	pick up	意味		pick up
□(3)	trash	意味		trash
□(4)	plant	意味		plant
□(5)	flower	意味		flower
□(6)	donate	意味		donate
□(7)	take care of ...	意味		take care of ...
□(8)	elderly people	意味		elderly people
□(9)	child	意味		child
□(10)	member	意味		member

2 読解　次の英文を読んで，あとの設問に答えなさい。

中学生の栄治《えいじ》は，留学生のクロエ(Chloe)と教室で話しています。

Chloe: You belong to the volunteer club. ① What work《仕事》 do you do?

Eiji: We often pick up trash on the street on weekends《週末》.

Chloe: Great. ②（ア Do you　イ Can I　ウ Can you ）join your work?

Eiji: Sure! Please come to the park next Sunday.

(1) 活動についてたずねる　下線部①を日本語にしなさい。

（　　　　　　　　　　　　　　　　）

(2) 許可を求める　下線部②のア～ウから適する語句を1つ選びなさい。　（　　　　）

(3) 内容の理解　本文の内容と合うものを1つ選びなさい。

ア　クロエはボランティアクラブに所属している。

イ　栄治はよく平日にごみ拾いをする。

ウ　クロエはボランティア活動に参加するつもりだ。

（　　　　）

ヒント

(1) what は「何の，どんな」という意味。

(2)「…してもいいですか」と許可を求めている。

(3) だれがどのような発言をしたかにも注意。

3 読解　次の英文を読んで，あとの設問に答えなさい。

留学生のキース(Keith)と，ボランティアクラブの顧問である森《もり》先生が話しています。

Keith: I want to do something《何か》 for our town, so I'm interested in《…に興味がある》 the volunteer club.

Ms. Mori: Great. We have a meeting《会議》 after school. We talk《話す》 about the next volunteer work there. We do it on weekends.

Keith: I see. What volunteer work do you do?

Ms. Mori: Well, for example《たとえば》, we plant flowers in the park. We also visit a home for elderly people《老人ホーム》.

Keith: That sounds interesting. I'd like to join the club.

Ms. Mori: OK. Please come to the meeting today.

(1) キースがボランティアクラブに興味をもっている理由を日本語で書きなさい。

(　　　　　　　　　　　　　　　　　　　　　　　　)

(2) ボランティアクラブがしているボランティア活動の例を，日本語で２つ書きなさい。

(　　　　　　　　　　　　)　(　　　　　　　　　　　　)

(3) 次の質問に英語で答えなさい。

What do the members of the volunteer club do at the meeting?

____

(4) 本文の内容に合うものには○，合わないものには×を書きなさい。

ア (　　　)ボランティアクラブは，放課後にボランティア活動をする。

イ (　　　)森先生は，今日の放課後の会議に来るようにキースに言った。

4 リスニング　音声を聞いて，あとの問いに答えなさい。

英語音声

AI-41

中学生の陽介《ようすけ》と留学生のミラ(Mila)が話しています。会話の内容に合うように____に１語ずつ補って，文を完成させなさい。

Mila wants to __________ __________ to children at the __________.

らくらくマルつけ

Aa-41

まとめのテスト❷

／100点

答えと解き方➡別冊 p.31

❶ 英単語　次の英語は日本語に，日本語は英語になおしなさい。［3点×10＝30点］

(1) sheep　(　　　　)
(2) lake　(　　　　)
(3) someday　(　　　　)
(4) traditional　(　　　　)
(5) order　(　　　　)
(6) スタジアム ＿＿＿＿
(7) 待つ ＿＿＿＿
(8) 1月 ＿＿＿＿
(9) 100 ＿＿＿＿
(10) ボランティア ＿＿＿＿

❷ 読解　次の英文を読んで，あとの設問に答えなさい。［5点×4＝20点］

中学生の絵《え》里《り》奈《な》は，留学生のリズ(Liz)と街に遊びに来ています。

Erina: I like going to cafes in my free time. I know a nice cafe.
　　［　①　］ want to go there?

Liz: Yes! I like cafes, too. ② (the / is / cafe / where)?

Erina: It's by the river. You can eat fruit parfaits there.

Liz: Well, I don't like fruit very much.

Erina: Then you can have a matcha parfait. It ③ does not have fruit in it. Our city is famous for matcha.

Liz: Oh, it sounds delicious. I want to try it!

(1) ［　①　］に入る英語2語を書きなさい。　＿＿＿＿ ＿＿＿＿

(2) 下線部②が意味の通る文になるように，(　)内の語を並べかえなさい。

＿＿＿＿＿＿＿＿＿＿＿＿＿＿＿＿?

(3) 下線部③の短縮形を書きなさい。　＿＿＿＿

(4) 本文の内容と合わないものを1つ選びなさい。

ア　リズはカフェに行くのが好きだ。

イ　絵里奈たちの市は果物で有名だ。

ウ　リズは抹茶パフェを食べたいと思っている。　(　　　　)

❸ 読解　次の英文を読んで，あとの設問に答えなさい。[45点]

オーストラリアに留学中の夏雄《なつお》は，友人のケビン(Kevin)とファストフード店に来ています。

Clerk: ① (like / would / what / you)?

Kevin: I'd like two sandwiches, French fries and an orange juice.

Natsuo: I'd like a hamburger and hot tea.

Kevin: Is that all? You usually eat a lot. Hamburgers are your favorite food, right?

Natsuo: Yes, but ② I have a stomachache now.

Kevin: Oh, really? Are you OK《大丈夫で》?

Natsuo: Don't worry. It's not serious《深刻な》.

Kevin: Well, maybe you should《…すべき》 take some medicine.

(1) 下線部①が意味の通る文になるように，(　)内の語を並べかえなさい。(6点)

______________________________?

(2) 下線部②を日本語にしなさい。(7点)

(　　　　　　　　　　　　　　　　)

(3) 次の質問に，[1]はケビン，[2]は夏雄になったつもりで英語で答えなさい。

(7点×2＝14点)

[1] How many sandwiches do you want?

____

[2] What food do you like? ______________________________

(4) 本文の内容に合うものには○，合わないものには×を書きなさい。(6点×3＝18点)

ア (　　　) 夏雄は飲み物を注文しなかった。

イ (　　　) 夏雄はふだんはたくさん食べる。

ウ (　　　) ケビンは夏雄に，医者にみてもらうように言った。

❹ リスニング　音声を聞いて，あとの問いに答えなさい。[5点]

英語音声

AI-42

中学生の希美《のぞみ》と留学生のトミー(Tommy)が話しています。希美の将来の夢として，あてはまるものをア〜ウから１つ選びなさい。

ア 教師　イ 歌手　ウ 医者　(　　　　)

らくらくマルつけ

Aa-42

43 天候についての会話

ちょこっとインプット
Ai-43

答えと解き方➡別冊 p.32

1 英単語　意味を書き，つづりも書いて，覚えましょう。

□(1) sunny　意味 ＿＿＿＿　sunny
□(2) cloudy　意味 ＿＿＿＿　cloudy
□(3) rainy　意味 ＿＿＿＿　rainy
□(4) snowy　意味 ＿＿＿＿　snowy
□(5) hot　意味 ＿＿＿＿　hot
□(6) warm　意味 ＿＿＿＿　warm
□(7) cool　意味 ＿＿＿＿　cool
□(8) snow　意味 ＿＿＿＿　snow
□(9) rain　意味 ＿＿＿＿　rain
□(10) weather　意味 ＿＿＿＿　weather

2 読 解　次の英文を読んで，あとの設問に答えなさい。

颯太《そうた》はロンドンに住むアリア(Aria)とオンラインで話しています。

Sota: ① How is the weather in London《ロンドン》?
Aria: It's sunny today and it's ② warm. How about in Osaka?
Sota: It's raining now and it's [③]. I'm not a fan of rainy days.
Aria: Really? I actually《実は》 like rain. It's relaxing《リラックスさせる》 for me.

(1) 天気のたずね方　下線部①を日本語にしなさい。

(　　　　　　　　　　　　　　　　　)

(2) 寒暖の表し方　[③] には，下線部②の反対語が入ります。その語を書きなさい。

＿＿＿＿＿＿＿＿

(3) 内容の理解　本文の内容と合うものを1つ選びなさい。

ア　ロンドンは雨である。
イ　大阪は雨である。
ウ　颯太は雨の日が好きである。　(　　　　)

ヒント
(1) Howは「どのような」と状態などをたずねる語。
(2) warmは「暖かい」という意味を表す。
(3) 場所と天気の関係を整理すること。

3 読解　次の英文を読んで，あとの設問に答えなさい。

中学生の朱莉《あかり》が，シドニーに住む友だちのジャック(Jack)とオンラインで話しています。

Akari: How is the weather in Sydney《シドニー》?

Jack: It's hot. I went surfing《サーフィンをしに行った》 in the sea today.

Akari: Surfing? ① It's snowing in Tokyo now. It's very cold outside《外は[に, で]》.

Jack: It's ② winter《冬》 in Japan now, right? It's [③] in Australia now.

Akari: Do you often go surfing in [③]?

Jack: Yes. I love sunny days. How about you?

Akari: Me, too. I play tennis with my mother on sunny days.

(1) 下線部①を日本語にしなさい。

(　　　　　　　　　　　　　　　　　　　　)

(2) 2つの [③] には，共通して下線部②の反対語が入ります。その語を書きなさい。

____

(3) 次の質問に，[1] は朱莉，[2] はジャックになったつもりで英語で答えなさい。

[1] Do you like sunny days? ________________

[2] Where did you go today? ________________

(4) 本文の内容と合うものを1つ選びなさい。

ア　東京は今日は比較的暖かい。

イ　ジャックは冬によくサーフィンをする。

ウ　朱莉は晴れた日には母とテニスをする。　(　　　)

4 リスニング　音声を聞いて，あとの問いに答えなさい。

英語音声

AI-43

福岡に住む中学生の一葉《かずは》とニューヨークに住む中学生のケビン(Kevin)がオンラインで話しています。福岡の天気と寒暖についてあてはまるものを下のア～オから1つずつ選びなさい。

(1) 天気 (　　　)　(2) 寒暖 (　　　)

ア　晴れ　イ　雨　ウ　くもり

エ　暑い　オ　寒い

らくらくマルつけ

Aa-43

OUTPUT! 44

旅の計画

ちょこっとインプット

Ai-44

答えと解き方➡別冊 p.33

1 英単語　意味を書き，つづりも書いて，覚えましょう。

- □(1) plane　意味 ＿＿＿＿　plane
- □(2) taxi　意味 ＿＿＿＿　taxi
- □(3) hotel　意味 ＿＿＿＿　hotel
- □(4) sightseeing　意味 ＿＿＿＿　sightseeing
- □(5) hiking　意味 ＿＿＿＿　hiking
- □(6) schedule　意味 ＿＿＿＿　schedule
- □(7) vacation　意味 ＿＿＿＿　vacation
- □(8) trip　意味 ＿＿＿＿　trip
- □(9) plan　意味 ＿＿＿＿　plan
- □(10) during　意味 ＿＿＿＿　during

2 読解　次の英文を読んで，あとの設問に答えなさい。

中学生の彩《あや》は，留学生のエラ(Ella)と冬休みについて話しています。

Aya: [①] do you want to visit during the winter vacation?

Ella: I want to visit Niigata《新潟》. I want to ski ② there with my family.

Aya: Great! I want to go to Oita《大分》. I love hot springs《温泉》. How about you?

Ella: Me, too. I often go to a hot spring after《…のあとに》 skiing.

(1) 予定のたずね方　[①] に入る英語1語を書きなさい。

＿＿＿＿＿＿

(2) 場所の表し方　下線部②が指す場所を日本語で書きなさい。

(　　　　　　　　)

(3) 内容の理解　本文の内容と合うものを1つ選びなさい。

ア　エラは冬休みにスキーをしたい。

イ　彩は温泉はあまり好きではない。

ウ　エラはよくスキーをする前に温泉に入る。　(　　　　)

ヒント

(1) 続く文で visit ...と場所を答えている。

(2) 直前の文に注目。

(3) それぞれがどこへ何をしに行きたいかを整理するとよい。

3 読解　次の英文を読んで，あとの設問に答えなさい。

中学生の京香《きょうか》が，留学生のルーク(Luke)と話しています。

Luke: ① <u>Do you have any plans for the summer vacation?</u>

Kyoka: Yes. I'm thinking of《…について考える》 a short《短い》 trip. How about you?

Luke: I really want to go to Kyoto with my family.

Kyoka: Kyoto? What do you want to do there?

Luke: I want to visit temples and shrines and eat traditional Kyoto food.

Kyoka: That sounds nice! Do you often go to Kyoto?

Luke: No, it's actually my [②] time. I'm looking forward to《…を楽しみに待つ》 it.

(1) 下線部①を日本語にしなさい。

(　　　　　　　　　　　　　　　　　　　　)

(2) [②] に入る語をア～ウから1つ選びなさい。

ア many　イ first　ウ two　(　　　)

(3) 次の質問に，ルークになったつもりで英語で答えなさい。

Where do you want to visit in Kyoto?

____

(4) 本文の内容に合うものには○，合わないものには×を書きなさい。

ア (　　　) 京香は夏休みに比較的長い旅行を考えている。

イ (　　　) ルークはひとりで京都へ行きたいと思っている。

ウ (　　　) ルークは京都で伝統的な京料理を食べたいと思っている。

4 リスニング　音声を聞いて，あとの問いに答えなさい。

英語音声

AI-44

中学生の浩司《こうじ》と留学生のメグ(Meg)が冬休みの予定について話しています。会話の内容に合うように，表の(1)～(4)に適する日本語を書きなさい。

	行きたい場所	したいこと
浩司	(1) (　　　　　)	(2) (　　　　　) の博《ひろし》と会う
メグ	(3) (　　　　　)	(4) (　　　　　) で海の動物を見る

らくらくマルつけ

Aa-44

旅先の名物・食べ物について調べる

ちょこっとインプット
Ai-45

答えと解き方➡別冊 p.34

1 英単語　意味を書き，つづりも書いて，覚えましょう。

	単語	意味	つづり
□(1)	souvenir	意味	souvenir
□(2)	salt	意味	salt
□(3)	dish	意味	dish
□(4)	market	意味	market
□(5)	flavor	意味	flavor
□(6)	try	意味	try
□(7)	a variety of ...	意味	a variety of ...
□(8)	unique	意味	unique
□(9)	local	意味	local
□(10)	tasty	意味	tasty

2 読解　次の英文を読んで，あとの設問に答えなさい。

中学生の彩《あや》は，旅行先のイギリスで食べたフィッシュ・アンド・チップスについて発表しています。

Do you know fish and chips? It's a traditional British《イギリスの》 dish of fried《油であげた》 fish and potatoes. British people like ① it very much. They usually eat it with salt and vinegar《酢》. It's a specialty in the U.K. ② Try it! It's very good. Thank you.

(1) 名物の表し方　下線部①が指すものを日本語で書きなさい。

(　　　　　　　　　　　　　　　　　　　)

(2) 名物をすすめる　下線部②を日本語にしなさい。

(　　　　　　　　　　　　　　　　　　　)

(3) 内容の理解　フィッシュ・アンド・チップスについて，本文の内容と合わないものを1つ選びなさい。

ア　イギリスの名物で，イギリスの人々に好まれている。

イ　魚のフライに生野菜をそえた料理である。

ウ　イギリスではたいてい塩と酢で食べられる。(　　　　)

ヒント

(1) この発表のテーマに注目。

(2) good はここでは「おいしい」という意味。

(3) 食べ物や料理の調理法や味つけなどを表す語句に注意。

3 読解　次の英文を読んで，あとの設問に答えなさい。

中学生の圭司《けいじ》が，留学生のリリー(Lily)と休暇中の予定について話しています。

Keiji: I heard《聞いた》 about your trip to Hokkaido this winter. It's an amazing《すばらしい》 place with great food!

Lily: Cool! ① What kind of food is it famous for?

Keiji: ② *Kaisendon*. It's a special seafood bowl《どんぶり》.

Lily: What is it? Does it have any raw《生の》 fish?

Keiji: Yes. It's a bowl with seafood on top of《…の上に》 rice.

Lily: Wow! Seafood on rice? I want to try it!

(1) 下線部①を日本語にしなさい。

(　　　　　　　　　　　　　　　　　　　　　　　　　　　　　　　)

(2) 下線部②について，ご飯の上に乗っているものを英語1語で書きなさい。

＿＿＿＿＿＿＿＿

(3) 次の質問に英語で答えなさい。

Does *kaisendon* have rice? ＿＿＿＿＿＿＿＿＿＿＿＿＿＿＿＿

(4) 本文の内容に合うものには○，合わないものには×を書きなさい。

ア (　　　) リリーはこの冬に北海道を訪れる予定である。

イ (　　　) 北海道は特別などんぶりで有名である。

ウ (　　　) リリーは海鮮丼を食べたいと思っていない。

4 リスニング　音声を聞いて，あとの問いに答えなさい。

英語音声

AI-45

中学生の悟《さとる》が旅行で訪れる予定の静岡について発表しています。その内容に合うように(　)に日本語を補って，文を完成させなさい。

悟が静岡で食べたいものは(　　　　　　　　　　)で，飲みたいものは(　　　　　　)である。

らくらくマルつけ

Aa-45

OUTPUT! 46

観光名所をたずねる

ちょこっとインプット
Ai-46

答えと解き方➡別冊 p.35

❶ 英単語　意味を書き，つづりも書いて，覚えましょう。

□(1) landmark	意味		landmark
□(2) site	意味		site
□(3) heritage	意味		heritage
□(4) bridge	意味		bridge
□(5) pyramid	意味		pyramid
□(6) church	意味		church
□(7) cultural	意味		cultural
□(8) historic	意味		historic
□(9) breathtaking	意味		breathtaking
□(10) the sights	意味		the sights

❷ 読解　次の英文を読んで，あとの設問に答えなさい。

日本の中学校に留学中のレオは，旅行先の県について，同級生の彩《あや》と話しています。

Leo: [①] place should《…すべき》 we visit in Hyogo《兵庫》?

Aya: How about Himeji Castle《姫路城》? ② It's a historic place.

Leo: That sounds interesting. Is it a World Heritage《世界遺産》 Site?

Aya: Yes. We can see a beautiful white castle there.

(1) 場所のたずね方　[①] に入る語をア～ウから１つ選びなさい。

ア When　イ Which　ウ Where　(　　　　)

(2) 場所の表し方　下線部②を日本語にしなさい。

(　　　　　　　　　　　　　　　　)

(3) 内容の理解　本文の内容と合うものを１つ選びなさい。

ア 彩は姫路城を訪れることを提案している。

イ 姫路城は世界遺産ではない。

ウ 姫路城は美しい黒色で知られている。　(　　　　)

ヒント

(1) place「場所」という名詞が続いている。

(2) historic は「歴史上有名な」という意味を表す。

(3) How about ...? は「…はどうですか」という意味。

3 読 解　次の英文を読んで，あとの設問に答えなさい。

京都に住む中学生の正治《しょうじ》が，留学生のノラ（Nora）と話しています。

Shoji: What do you want to do for your next vacation?

Nora: I want to take a trip with my family. Do you know some good places?

Shoji: How about Nara? It has a big park with《…のいる》 friendly deer《シカ》. You can feed《えさをやる》 ① them.

Nora: That's cool. What else《ほかに》 is in Nara?

Shoji: Visit Todaiji Temple《東大寺》. You can see the Great Buddha《大仏》 in ② it.

Nora: I want to visit it! Is the temple far《遠い》 from our town?

Shoji: No. You can go there by train.

(1)　下線部①が指すものを日本語で書きなさい。　(　　　　　　　　　　　　)

(2)　下線部②が指すものを英語で抜き出して書きなさい。

____

(3)　次の質問に，[1] は正治に，[2] はノラになったつもりで３語の英語で答えなさい。

[1]　Is Todaiji Temple far from your town?

____

[2]　Do you want to visit the temple?　______________________________

(4)　本文の内容に合うものには○，合わないものには×を書きなさい。

ア　(　　　　)ノラは友だちと旅行に行きたいと思っている。

イ　(　　　　)奈良の公園のシカは人なつっこい。

ウ　(　　　　)ノラは東大寺まで電車で行くことができる。

4 リスニング　音声を聞いて，あとの問いに答えなさい。

英語音声

AI-46

中学生の香《か》奈《な》に，海外に住むグレッグ（Greg）が電話でたずねています。会話の内容に合うように，(　)内のア，イから適するほうを選び，記号を○でかこみなさい。

グレッグは(　ア　友だち　　イ　両親　)と香奈が住む市を旅行する。香奈は太田《おおた》公園をすすめたが，そこは(　ア　春の桜　　イ　冬の雪　)が有名なので，その時期に行くべきである。

らくらくマルつけ

Aa-46

OUTPUT! 47

自転車を借りて観光地を回る

ちょこっとインプット

Ai-47

答えと解き方➡別冊 p.36

1 英単語　意味を書き，つづりも書いて，覚えましょう。

□(1)	rent	意味	rent
□(2)	return	意味	return
□(3)	rental	意味	rental
□(4)	travel	意味	travel
□(5)	tourist	意味	tourist
□(6)	spot	意味	spot
□(7)	same	意味	same
□(8)	scenery	意味	scenery
□(9)	… a day	意味	… a day
□(10)	come back to …	意味	come back to …

2 読 解　次の英文を読んで，あとの設問に答えなさい。

アメリカから日本に観光に来たベス(Beth)は，日本に住む友だちの香《か》苗《なえ》と話しています。

Beth: I want to visit some temples tomorrow. ① Can I take a bus?

Kanae: How about using《使うこと》 a bike? You can rent a bike for《…で》 one thousand yen a day at the bike rental shop [②] front of the station.

Beth: Really? That's great! I will《…するつもり》 do that.

(1) 交通手段をたずねる　下線部①を日本語にしなさい。

(　　　　　　　　　　　　　　　　)

(2) 場所を表す　[②] に入る英語1語を書きなさい。

____

(3) 内容の理解　本文の内容と合うものを1つ選びなさい。

ア　ベスは日本で買い物をしたがっている。

イ　自転車は1日100円で借りることができる。

ウ　ベスは明日，自転車を利用するつもりだ。

(　　　　)

ヒント

(1) take は「(乗り物に)乗る」という意味。

(2) 「…の前に」という意味の3語の熟語にする。

(3) I will do that. の that が何を指しているのか考えること。

3 読 解　次の英文を読んで，あとの設問に答えなさい。

中学生の瑞樹《みずき》は，自分の町に観光に来たサイモン(Simon)を案内しようとしています。

Mizuki: The weather is nice today. Let's get around《…のあちこちを》 the town by bike.

Simon: By bike? That sounds hard《大変な》.

Mizuki: We have a lot of good spots for tourists but the town isn't very big, so we can travel by bike easily.

Simon: I see. [①] can we rent a bike?

Mizuki: We can rent and return a bike at many places in town. And we don't need to《…する必要がある》 come back to the same place and return a bike.

Simon: That's good. And unlike《…と違って》 traveling《旅行すること》 by bus or train, we don't need to worry about time. We can also enjoy the scenery. OK, let's rent a bike!

(1) 瑞樹が住む町が自転車で観光しやすい理由を日本語で書きなさい。

(　　　　　　　　　　)

(2) [①] に入る語をア～ウから１つ選びなさい。

ア When　イ Where　ウ What　(　　　)

(3) バスや電車での旅行と比べたときの自転車での旅行の利点になるように，(　)に適する日本語を書きなさい。

(　　　　　　　　　　)必要がないこと。

(4) 本文の内容と<u>合わないもの</u>を１つ選びなさい。

ア サイモンははじめ，自転車での旅行は大変そうだと思った。

イ 自転車は，借りた場所と同じ場所に返す必要がある。

ウ 自転車での旅行では，景色を楽しむことができる。　(　　　)

4 リスニング　音声を聞いて，あとの問いに答えなさい。

英語音声

AI-47

中学生の守《まもる》と，日本を観光しているクララ(Clara)が話しています。会話の内容に合うように＿＿に１語ずつ補って，文を完成させなさい。

Clara wants to go to Himeji Castle ＿＿＿＿ ＿＿＿＿ during her trip.

らくらくマルつけ

Aa-47

OUTPUT! 48 旅の思い出

ちょこっとインプット

Ai-48

答えと解き方➡別冊 p.36

1 英単語　意味を書き，つづりも書いて，覚えましょう。

- □(1) Italy　意味 ______　Italy ______
- □(2) France　意味 ______　France ______
- □(3) Germany　意味 ______　Germany ______
- □(4) painting　意味 ______　painting ______
- □(5) parent　意味 ______　parent ______
- □(6) uncle　意味 ______　uncle ______
- □(7) aunt　意味 ______　aunt ______
- □(8) stay　意味 ______　stay ______
- □(9) for the first time　意味 ______　for the first time ______
- □(10) amusement park　意味 ______　amusement park ______

2 読解　次の英文を読んで，あとの設問に答えなさい。

夏休み明けの学校で，中学生の智也《ともや》と ALT のカーター先生(Ms. Carter)が話しています。

Tomoya: I went to Italy with my mother and sister in summer vacation.

Ms. Carter: That's great. ① How was your trip? What did you do there?

Tomoya: We visited a museum and ② (see) a lot of famous paintings. They were so《とても》 beautiful.

(1) 感想のたずね方　下線部①を日本語にしなさい。

(　　　　　　　　　　　　　　　　　　)

(2) 過去の動作　②の(　)内の語を適する形に直しなさい。

______

(3) 内容の理解　本文の内容と合うものを1つ選びなさい。

ア　智也は夏休みに両親とイタリアに行った。

イ　カーター先生は智也に何を食べたかたずねた。

ウ　智也はイタリアで見た絵画を美しいと思った。(　　　　　)

ヒント

(1) how は「どんな具合[状態]で」という意味。

(2) 前にある動詞が visited と過去形になっていることに注目。

(3) They などの代名詞が何を指すのかを注意深くチェック。

③ 読解　次の英文を読んで，あとの設問に答えなさい。

中学生の樹生《たつき》は，留学生のジーン(Jean)と話しています。

Tatsuki: Did you go anywhere《どこか》 in summer vacation?

Jean: Yes, [①]. I went to Okinawa with my family.

Tatsuki: Really? I like Okinawa very much. ② (you / there / where / visit / did)?

Jean: I visited the aquarium. I saw a whale shark《ジンベイザメ》 for the first time. It was very big! I was excited. How about you?

Tatsuki: I went to Osaka. I enjoyed the amusement park there.

Jean: Did your parents go to Osaka with you?

Tatsuki: No. I went there alone《ひとりで》 and stayed with my uncle and aunt. My uncle made *takoyaki* for dinner. It was delicious.

(1) [①] に入る英語２語を書きなさい。　＿＿＿＿＿　＿＿＿＿＿

(2) 下線部②が意味の通る文になるように，(　)内の語を並べかえなさい。

＿＿＿＿＿＿＿＿＿＿＿＿＿＿＿＿＿＿＿＿＿＿＿?

(3) 次の質問に英語で答えなさい。

[1] What did Jean see at the aquarium?

＿＿＿＿＿＿＿＿＿＿＿＿＿＿＿

[2] Who made *takoyaki*?　＿＿＿＿＿＿＿＿＿＿＿＿＿＿＿

(4) 本文の内容に合うものには○，合わないものには×を書きなさい。

ア (　　　) ジーンは水族館に行って，わくわくした。

イ (　　　) 樹生は両親と大阪に行って，おじとおばの家に泊まった。

④ リスニング　音声を聞いて，あとの問いに答えなさい。

英語音声

AI-48

中学生の桜《さくら》と留学生のエヴァン(Evan)が，旅の思い出について話しています。会話の内容に合うように(　)に日本語を補って，文を完成させなさい。

(1) 桜はオーストラリアで(　　　　　　　　　　　　　　　　　　　　)。

(2) エヴァンは北海道で(　　　　　　　　　　　　　　　　　　　　)。

らくらくマルつけ

Aa-48

OUTPUT! 49

友だちに電話をかける

ちょこっとインプット
Ai-49

答えと解き方➡別冊 p.37

1 英単語　意味を書き，つづりも書いて，覚えましょう。

□(1)	may	意味	may
□(2)	speak to …	意味	speak to …
□(3)	call … back	意味	call … back
□(4)	later	意味	later
□(5)	message	意味	message
□(6)	out	意味	out
□(7)	come home	意味	come home
□(8)	tell	意味	tell
□(9)	afternoon	意味	afternoon
□(10)	question	意味	question

2 読解　次の英文を読んで，あとの設問に答えなさい。

中学生のまどかとクラスメートのドナ(Donna)が電話で話しています。

Madoka: Hello? [①] Nakano Madoka. May I speak to Donna?

Donna: Speaking《私です》. Hi, Madoka. What's up?《どうしたの？》

Madoka: I have two movie tickets《チケット，切符》. Can [②] come with me tomorrow afternoon?

Donna: Sure! Let's meet in front of the theater.

(1) 電話のかけ方　[①] に入る語句をア～ウから1つ選びなさい。　ア I am　イ This is　ウ That is　(　　　　)

(2) 相手をさそう　[②] に入る英語1語を書きなさい。

____

(3) 内容の理解　本文の内容と合うものを1つ選びなさい。

ア　ドナはまどかに電話をかけた。

イ　まどかとドナは明日，映画を見る。

ウ　まどかとドナは駅前で待ち合わせをする。　(　　　　)

ヒント
(1) 電話で「私は[こちらは] …です」は何と言う？
(2) 主語がだれになるのか考える。
(3) だれの発言かにも注意。

3 読解　次の英文を読んで，あとの設問に答えなさい。

留学生のジェイミー(Jamie)は，クラスメートの隆二《りゅうじ》の家に電話をかけています。

Jamie: Hello? This is Jamie Collins. May I speak to Ryuji?

Ryuji's mother: Hello, Jamie. This is Ryuji's mother. ① He is out now. He has baseball practice every Saturday afternoon.

Jamie: What time does he usually come home?

Ryuji's mother: He comes home by《…までに》 seven. Can I [②] a message?

Jamie: Yes, please. Please tell him, "I have some questions about my homework. Please call me back later."

Ryuji's mother: OK. No problem《いいですよ。》.

(1) 下線部①を日本語にしなさい。

(　　　　　　　　　　　　　　　　　　　　　　　　　　　　)

(2) [②] に入る語をア～ウから1つ選びなさい。

ア　make　　イ　leave　　ウ　take　　(　　　)

(3) ジェイミーが隆二に電話をした理由を，日本語で書きなさい。

(　　　　　　　　　　　　　　　　　　　　　　　　　　　　)

(4) 本文の内容に合うものには○，合わないものには×を書きなさい。

ア (　　　) 隆二は毎週土曜日に野球の練習をする。

イ (　　　) 隆二はふだん7時には帰宅している。

ウ (　　　) ジェイミーは隆二に電話をかけ直すつもりだ。

4 リスニング　音声を聞いて，あとの問いに答えなさい。

英語音声

AI-49

中学生の綾《あや》と留学生のロビン(Robin)が電話で話しています。会話の内容に合うように，(　)内のア，イから適するほうを選び，記号を○でかこみなさい。

綾は次の(ア　土曜日　　イ　日曜日)に動物園に行こうとロビンをさそったが，ロビンは友だちと(ア　買い物　　イ　映画)に行く予定があるため，さそいを断った。

らくらくマルつけ

Aa-49

OUTPUT! 50

SNS を始める

ちょこっとインプット
Ai-50

答えと解き方➡別冊 p.38

1 英単語　意味を書き，つづりも書いて，覚えましょう。

- □(1) social media　意味 ＿＿＿＿　✎ social media
- □(2) app　意味 ＿＿＿＿　✎ app
- □(3) account　意味 ＿＿＿＿　✎ account
- □(4) post　意味 ＿＿＿＿　✎ post
- □(5) add　意味 ＿＿＿＿　✎ add
- □(6) as　意味 ＿＿＿＿　✎ as
- □(7) write　意味 ＿＿＿＿　✎ write
- □(8) profile　意味 ＿＿＿＿　✎ profile
- □(9) make friends with ...　意味 ＿＿＿＿　✎ make friends with ...

2 読 解　次の英文を読んで，あとの設問に答えなさい。

中学生の恭介《きょうすけ》とクラスメートのパット(Pat)が，スマートフォンを見ながら話しています。

Pat: I made an account on this social media app yesterday《昨日》.

Kyosuke: I use ① it, too. Look! Here's my account.

Pat: Can I add you as a friend?

Kyosuke: Of course! ② I'm looking forward to your posts.

(1) 相手への伝え方　下線部①が指すものを英語4語で書きなさい。
＿＿＿＿＿＿＿＿

(2) SNS を使う　下線部②を日本語にしなさい。
(　　　　　　　　　　)

(3) 内容の理解　本文の内容と合うものを1つ選びなさい。

ア　パットは昨日，その SNS を使い始めた。

イ　恭介はまだその SNS を使っていない。

ウ　恭介はパットを友だちに追加していいかたずねた。

(　　　　)

ヒント

(1) 直前の内容に注目。

(2) look forward to ... は「…を楽しみに待つ」という意味。

(3) 動詞に注目して，だれがどのような行動をとったかに注意する。

3 読 解　次の英文を読んで，あとの設問に答えなさい。

中学生の萌子《もえこ》は，ホームステイ中のリンダ（Linda）と話しています。

Linda: Moeko, [①] can I improve《上達させる》 my Japanese?

Moeko: Well, you can make friends [②] many Japanese people through《…を通して》 social media.

Linda: That's a good idea《考え》. I want to make an account on social media. What should《…すべき》 I write on my profile?

Moeko: You want to talk with Japanese people and improve your Japanese, right? You can write that. But don't post too much《多くの》 personal information《個人情報》.

Linda: OK. I will《…するつもり》 be careful《注意深い》.

(1) [①] に入る語をア～ウから1つ選びなさい。

ア what　イ when　ウ how　(　　　)

(2) [②] に入る英語1語を書きなさい。

＿＿＿＿＿＿

(3) 萌子はリンダに，SNSのプロフィールにどんなことを書くとよいと言っているか，日本語で書きなさい。

(　　　　　　　　　　)

(4) 萌子はSNSを使うときにどんなことに注意するように言っているか，日本語で書きなさい。

(　　　　　　　　　　)

4 リスニング　音声を聞いて，あとの問いに答えなさい。

英語音声

AI-50

中学生の麻衣《まい》と留学生のアレックス（Alex）が，SNSを始めた目的について話しています。会話の内容に合うように，表の(1)～(4)に適する日本語を書きなさい。

麻衣	県内の(1)(　　　　)の生徒と (2)(　　　　)ため。
アレックス	お気に入りの(3)(　　　　)についての (4)(　　　　)ため。

らくらくマルつけ

Aa-50

OUTPUT! 51

SNS でメッセージを送る

ちょこっとインプット
Ai-51

答えと解き方➡別冊 p.39

1 英単語　意味を書き，つづりも書いて，覚えましょう。

□ (1)	exchange	意味	exchange
□ (2)	share	意味	share
□ (3)	delete	意味	delete
□ (4)	reply	意味	reply
□ (5)	comment	意味	comment
□ (6)	video	意味	video
□ (7)	photo	意味	photo
□ (8)	remember	意味	remember
□ (9)	miss	意味	miss
□ (10)	surprised	意味	surprised

2 読解　次の英文を読んで，あとの設問に答えなさい。

留学生のロン(Ron)は，SNS でとある投稿を見つけ，その投稿者にメッセージを送りました。

Hi! I'm Ron, a student at your school. I read your posts. You wrote about ① The Greens in ② them, right? They're my favorite rock band《ロックバンド》! My friends don't know about them. I want to make friends with you and talk about them.

(1) 好きなものの伝え方　下線部①とは何か，日本語で書きなさい。

(　　　　　　　　　　　　　　　　　　　　)

(2) 相手への伝え方　下線部②が指すものを英語2語で抜き出して書きなさい。

＿＿＿＿＿＿＿＿＿＿

(3) 内容の理解　本文の内容と合わないものを1つ選びなさい。

ア　ロンと投稿者は同じ学校の生徒である。

イ　ロンの友人は The Greens を知らない。

ウ　ロンと投稿者はもともと SNS 上の友人である。

(　　　　)

ヒント

(1) そのあとの文から，The Greens を説明する部分を見つける。
(2) 直前の文に注意。

(3) make friends with ... は「…と友だちになる」という意味。

❸ 読 解　次の英文を読んで，あとの設問に答えなさい。

若菜《わかな》は，以前自分の中学校に留学していたアレン(Allen)をSNS上で見つけ，メッセージを送りました。

Wakana: Hi, Allen. I'm Wakana. Do you remember me? You studied at my school two years ago《…前に》. ① We were on the badminton team. I found you on this social media app and added you as a friend. I want to exchange messages with you. I'm looking forward to your reply.

Allen: Hi, Wakana! Of course I remember you! I got your message and I was surprised. Thank you! I saw your new post. You posted a video of the badminton team members. I miss ② them. How are they? Please tell me about the team!

(1) 下線部①を日本語にしなさい。

(　　　　　　　　　　　　　　　　　　　　)

(2) アレンが驚いた理由を日本語で書きなさい。

(　　　　　　　　　　　　　　　　　　　　)

(3) 下線部②が指すものを日本語で書きなさい。

(　　　　　　　　　　　　　　　　　　　　)

(4) 次の質問に英語で答えなさい。

[1] When did Allen study at Wakana's school?

[2] What did Wakana post?

❹ リスニング　音声を聞いて，あとの問いに答えなさい。

英語音声

AI-51

留学生のベティ(Betty)が，クラスメートの陽太《ようた》にSNSでメッセージを送っています。メッセージの内容に合うように(　)に日本語を補って，文を完成させなさい。

ベティは，陽太が投稿した(　　　　　　　　　　)の写真を見て，

それを(　　　　　　　　　　)と思った。

らくらくマルつけ

Aa-51

OUTPUT! 52

Eメールを書く

ちょこっとインプット Ai-52

答えと解き方➡別冊 p.40

1 英単語　意味を書き，つづりも書いて，覚えましょう。

□(1)	Dear ...	意味	Dear ...
□(2)	link	意味	link
□(3)	website	意味	website
□(4)	file	意味	file
□(5)	check	意味	check
□(6)	attach	意味	attach
□(7)	understand	意味	understand
□(8)	long	意味	long
□(9)	short	意味	short
□(10)	Thanks for	意味	Thanks for ....

2 読解　次の英文を読んで，あとの設問に答えなさい。

留学中の中学生の紗《さ》枝《え》は，日本の学校のブラウン先生(Mr. Brown)に英語でEメールを書きました。

[①] Mr. Brown,

How are you? I'm studying English in Canada. I'm in the brass band at school. ② The members are very kind. My English isn't very good, but they listen to me and understand my English. I enjoy my life here.

(1) メールの書き方　[①] に入る語をア～ウから1つ選びなさい。

ア Dear　イ From　ウ With　(　　　)

(2) 人について説明する　下線部②を日本語にしなさい。

(　　　　　　　　　　)

(3) 内容の理解　本文の内容と合わないものを1つ選びなさい。

ア 紗枝はカナダに留学している。

イ 紗枝はとてもじょうずに英語を話す。

ウ 吹奏楽部の部員は紗枝の英語を理解できる。(　　　)

ヒント

(1) Eメールの書き出しには，どんな表現を使う？

(2) kind は「親切な」という意味。

(3) 否定文に注意。

3 読解　次の英文を読んで，あとの設問に答えなさい。

中学生の孝彦《たかひこ》は，アメリカに住む友人のダニエル(Daniel)とEメールでやりとりしています。

Daniel: Hello, Takahiko. I want to visit Japan with my family next month. It's my first visit to Japan, so can you tell me about some good places? I want to visit historic places. My parents want to have Japanese food. Where should《…すべき》 we visit?

Takahiko: Hi, Daniel. Thanks for your e-mail. You can visit Asakusa in Tokyo. Do you know Sensoji《浅草寺》 Temple? It has a long history of about 1,400 years. And I know a good soba restaurant in Asakusa. Please check the link to the restaurant's website below《下の》.

(1) 下線部が指すものを英語で抜き出して書きなさい。

(2) ダニエルが孝彦にEメールを送った目的を日本語で書きなさい。

(　　　　　　　　　　　　　　　　　　　　)

(3) 次の質問に英語で答えなさい。

Who wants to have Japanese food?

(4) 本文の内容に合うものには○，合わないものには×を書きなさい。

ア (　　　) ダニエルは日本を訪れたことがある。

イ (　　　) 浅草寺は1400年に建てられた。

ウ (　　　) 孝彦はダニエルにそば屋をおすすめしている。

4 リスニング　音声を聞いて，あとの問いに答えなさい。

英語音声

AI-52

中学生の瑛子《えいこ》が留学生のグレン(Glen)にEメールを送っています。Eメールの内容に合うように(　)に日本語を補って，文を完成させなさい。

瑛子は来週，(　　　　　　　　　　　　　　　　)をするので，(　　　　　　　　　)を作るのを手伝ってもらいたい。

らくらくマルつけ

Aa-52

53 日本の食べ物について説明する

ちょこっとインプット
Ai-53

答えと解き方➡別冊 p.41

1 英単語　意味を書き，つづりも書いて，覚えましょう。

□(1)	raw	意味	raw
□(2)	soy sauce	意味	soy sauce
□(3)	sugar	意味	sugar
□(4)	salt	意味	salt
□(5)	chopstick	意味	chopstick
□(6)	beef	意味	beef
□(7)	dip ... in ～	意味	dip ... in ～
□(8)	mix	意味	mix
□(9)	difficult	意味	difficult
□(10)	easy	意味	easy

2 読解　次の英文を読んで，あとの設問に答えなさい。

中学生の圭吾《けいご》は，すしについて英語で発表しています。

Sushi has a slice《薄切り》 of raw fish on a vinegared rice《酢飯》 ball. We dip sushi in soy sauce and eat it. We usually use chopsticks, but we can eat sushi with our hands. Making《作ること》 sushi is [①], but making *chirashi-zushi* at home is ② easy. We mix vinegared rice, fish, vegetables, eggs and so on《…など》.

(1) 反対語　[①] には，下線部②の反対語が入ります。その語を書きなさい。

(2) 作り方の説明　ちらしずしの作り方を日本語で書きなさい。

(　　　　　　　　　　　　　　　　　　　　　　　　　　　　　　)

(3) 内容の理解　本文の内容と合うものを1つ選びなさい。

ア　すしにはわさびがついている。

イ　すしを食べるとき，はしを使わなくてもよい。

ウ　手巻きずしは家庭で作られることが多い。

(　　　　　　)

ヒント
(1) easy は「簡単な」という意味。
(2) *chirashi-zushi* という語よりあとの文に注目。
(3) 述べられていない内容に注意。

3 読解　次の英文を読んで，あとの設問に答えなさい。

中学生の順太《じゅんた》と留学生のアリス(Alice)が教室で話しています。

Junta: I had sukiyaki for dinner yesterday. It was delicious.

Alice: ① What kind of dish is sukiyaki?

Junta: We cook slices of beef, vegetables, tofu and so on in a pot《なべ》. We usually eat sukiyaki with raw eggs.

Alice: Raw eggs? We don't eat raw eggs in my country《国》, the U.S.A.

Junta: I know that. People in many countries don't eat ② them, but Japanese people like them.

Alice: Do you have other dishes with raw eggs?

Junta: We also eat raw eggs with soy sauce on rice!

(1) 下線部①を日本語にしなさい。

(　　　　　　　　　　　　　　　　　　　　　　　)

(2) 下線部②が指すものを英語で抜き出して書きなさい。

(3) 次の質問に英語で答えなさい。

[1] How does Junta usually eat sukiyaki?

[2] Where is Alice from?

(4) 本文の内容に合うものには○，合わないものには×を書きなさい。

ア (　　　)順太は昨夜，すき焼きを食べた。

イ (　　　)アリスは卵かけご飯が好きである。

4 リスニング　音声を聞いて，あとの問いに答えなさい。

英語音声

AI-53

中学生の真奈美《まなみ》と留学生のトーマス(Thomas)が話しています。会話の内容に合うように，(　)内のア，イから適するほうを選び，記号を○でかこみなさい。

トーマスは(ア　新鮮な　　イ　おいしい)海産物が楽しめるので，さしみが好きである。真奈美は(ア　魚　　イ　野菜)があまり好きではないが，てんぷらにすると食べられる。

らくらくマルつけ

Aa-53

OUTPUT! 54

日本の季節と行事を説明する

ちょこっとインプット

Ai-54

答えと解き方➡別冊 p.42

1 英単語　意味を書き，つづりも書いて，覚えましょう。

- □(1) season　意味 ＿＿＿＿　✎ season
- □(2) spring　意味 ＿＿＿＿　✎ spring
- □(3) summer　意味 ＿＿＿＿　✎ summer
- □(4) winter　意味 ＿＿＿＿　✎ winter
- □(5) cherry blossom　意味 ＿＿＿＿　✎ cherry blossom
- □(6) under　意味 ＿＿＿＿　✎ under
- □(7) holiday　意味 ＿＿＿＿　✎ holiday
- □(8) New Year's Day　意味 ＿＿＿＿　✎ New Year's Day
- □(9) New Year's Eve　意味 ＿＿＿＿　✎ New Year's Eve
- □(10) welcome　意味 ＿＿＿＿　✎ welcome

2 読解　次の英文を読んで，あとの設問に答えなさい。

中学生の杏奈《あんな》は，日本の行事について英語で発表しています。

In spring, ① we have a party under the cherry blossoms. Cherry blossoms bloom《咲く》 for《…の間》 only a short time, about two weeks. Every year we see them, and we think《考える》 about our own《自身の》 lives《人生》. Human《人間の》 life is short but beautiful like《…のように[な]》 cherry blossoms. So Japanese people like ② them very much.

(1) 行事を説明する　下線部①を日本語にしなさい。

(　　　　　　　　　　　　　　)

(2) 相手への伝え方　下線部②が指すものを英語で抜き出して書きなさい。＿＿＿＿＿＿＿＿

(3) 内容の理解　本文の内容と合うものを1つ選びなさい。

ア　花見は外国人にも人気のある行事である。

イ　桜の花は約3週間しか咲かない。

ウ　桜の花は人生に似ていると考えられている。(　　　　)

ヒント

(1) under ... は「…の下で」という意味。

(2) 直前の内容に注目。

(3) 言いかえられている内容に注意。

3 読解　次の英文を読んで，あとの設問に答えなさい。

中学生の修也《しゅうや》と留学生のニック（Nick）が話しています。

Shuya: Japan has four seasons. ① (like / do / season / what / you)?

Nick: I like winter. How do Japanese people spend《過ごす》 the New Year《年末年始》 holidays?

Shuya: We clean our houses at the end《終わり》 of the year. We welcome New Year's God《神》 with clean《きれいな》 houses.

Nick: That's interesting. How [②] New Year's Eve and New Year's Day?

Shuya: We eat soba on New Year's Eve. On New Year's Day, we eat a special dish, *osechi*. And many people visit shrines on New Year's Day. We pray for《…を祈る》 happiness《幸せ》 in the new year.

Nick: That's great. I want to visit a shrine on New Year's Day next year!

(1) 下線部①が意味の通る文になるように，(　)内の語を並べかえなさい。

____?

(2) 修也は年末に家の掃除をする理由をどのように説明しているか，日本語で書きなさい。

(　　　　　　　　　　　　　　　　　　　　)

(3) [②] に入る語をア～ウから１つ選びなさい。

ア with　　イ in　　ウ about　　(　　　)

(4) 本文の内容に合うものには○，合わないものには×を書きなさい。

ア (　　　) ニックは冬が好きである。

イ (　　　) ニックは来年の元日におせち料理を食べるつもりだ。

4 リスニング　音声を聞いて，あとの問いに答えなさい。

＼英語音声／

AI-54

中学生の穂乃果《ほのか》が日本の行事について発表しています。その内容に合うように ______ に１語ずつ補って，文を完成させなさい。

We have the event on ____________ 3.

It is a festival for ____________.

らくらく＼マルつけ／

Aa-54

OUTPUT! 55

日本の見どころを紹介する

ちょこっとインプット
Ai-55

答えと解き方➡別冊 p.42

1 英単語　意味を書き，つづりも書いて，覚えましょう。

- □(1) culture　意味 ＿＿＿＿　culture
- □(2) historical　意味 ＿＿＿＿　historical
- □(3) period　意味 ＿＿＿＿　period
- □(4) become　意味 ＿＿＿＿　become
- □(5) meter　意味 ＿＿＿＿　meter
- □(6) ... high　意味 ＿＿＿＿　... high
- □(7) clear　意味 ＿＿＿＿　clear
- □(8) story　意味 ＿＿＿＿　story
- □(9) between ... and ～　意味 ＿＿＿＿　between ... and ～

2 読 解　次の英文を読んで，あとの設問に答えなさい。

中学生の直人《なおと》は，日本の名所について英語で発表しています。

Mt. Fuji is a mountain between Shizuoka [①] Yamanashi and it's 3,776 meters high. It's very high, so you can see it from Tokyo [②] a clear day. It became a World Heritage Site in 2013. It's very beautiful and is a symbol《象徴》 of Japan, so you can see it in many works of art.

(1) 場所の表し方　[①] に入る英語1語を書きなさい。

＿＿＿＿

(2) 時の表し方　[②] に入る語をア～ウから1つ選びなさい。　ア on　イ in　ウ at　(　　　)

(3) 内容の理解　本文の内容と合わないものを1つ選びなさい。

ア　富士山は静岡と山梨からだけ見える。

イ　富士山は2013年に世界遺産になった。

ウ　富士山は多くの芸術作品の題材になっている。

(　　　)

ヒント
(1)「静岡と山梨の間に」という意味になる。
(2)「日」を表すときに使う前置詞は？
(3) 言いかえられている内容に注意。

3 読解　次の英文を読んで，あとの設問に答えなさい。

中学生の蘭《らん》と留学生のジュディ(Judy)が話しています。

Judy: I'm interested in Japanese culture. Can you tell me about it?

Ran: Well, do you know one of Japan's traditional performing arts《舞台芸術》, kabuki?

Judy: No, I don't. What is that like?

Ran: It's a drama with dance and music. In kabuki, all actors are men. They wear《身につける》 gorgeous《豪華な》 kimono and makeup《化粧》. Kabuki's stories are usually about historical events《出来事》 or the lives of people.

Judy: I see. Does kabuki have a long history?

Ran: Yes. It started in the Edo period. It has about four hundred years of history. Would you like to see kabuki?

Judy: Yes, I would!

(1)　下線部を日本語にしなさい。

(　　　　　　　　　　　　　　　　　　　　　　　　　　)

(2)　かぶきの物語はおもに何について描いているか，日本語で書きなさい。

(　　　　　　　　　　　　　　　　　　　　　　　　　　)

(3)　次の質問に英語で答えなさい。

［1］　What do kabuki actors wear?

____

［2］　When did kabuki start?

____

4 リスニング　音声を聞いて，あとの問いに答えなさい。

英語音声

AI-55

中学生の亮《りょう》が日本の観光名所について英語で発表しています。その内容に合うように，(　)内のア，イから適するほうを選び，記号を○でかこみなさい。

金閣寺は(　ア　1992　　イ　1994　)年に世界遺産になった。亮は(　ア　春　　イ　冬　)に金閣寺を訪れることをおすすめしている。

らくらくマルつけ

Aa-55

OUTPUT! 56

学校でハワイ出身の先生と話す

ちょこっとインプット Ai-56

答えと解き方➡別冊 p.43

1 英単語　意味を書き，つづりも書いて，覚えましょう。

□(1)	Hawaii	意味 ＿＿＿＿	Hawaii
□(2)	Hawaiian	意味 ＿＿＿＿	Hawaiian
□(3)	state capital	意味 ＿＿＿＿	state capital
□(4)	island	意味 ＿＿＿＿	island
□(5)	hula	意味 ＿＿＿＿	hula
□(6)	April	意味 ＿＿＿＿	April
□(7)	May	意味 ＿＿＿＿	May
□(8)	average	意味 ＿＿＿＿	average
□(9)	live	意味 ＿＿＿＿	live
□(10)	wrap	意味 ＿＿＿＿	wrap

2 読 解　次の英文を読んで，あとの設問に答えなさい。

中学生の陽奈《ひな》は，ハワイ出身の ALT であるヤング先生(Mr. Young)と学校で話しています。

Hina: ① Where in Hawaii are you from?

Mr. Young: I'm from Honolulu《ホノルル》.

Hina: It's the state capital of Hawaii, right? [②] islands does Hawaii have?

Mr. Young: It has eight main《主要な》 islands. Honolulu is on the island of Oahu《オアフ島》.

(1) 出身のたずね方　下線部①を日本語にしなさい。

(　　　　　　　　　　　　　　　)

(2) 数のたずね方　[②] に入る英語2語を書きなさい。

＿＿＿＿ ＿＿＿＿

(3) 内容の理解　本文の内容と合うものを1つ選びなさい。

ア　陽奈はハワイの州都がどこなのかを知らない。

イ　ハワイには6つの主要な島がある。

ウ　ハワイの州都はオアフ島にある。　(　　　　)

ヒント

(1) from ... は「…出身の」という意味。

(2) ヤング先生が島の数を答えていることに注目。

(3) ハワイの州都は？

3 読解　次の英文を読んで，あとの設問に答えなさい。

中学生の透哉《とうや》は，ハワイ出身の ALT であるリー先生(Ms. Lee)と学校で話しています。

Toya: Is it always warm in Hawaii?

Ms. Lee: Yes, it is. We have two seasons, summer and winter. Summer is from May to October and the average temperature is 28℃. Winter is from November to April and the average temperature is 24℃.

Toya: That's great! I don't like cold weather, so I want to live in Hawaii. What is some traditional Hawaiian food?

Ms. Lee: Well, we wrap meat and fish in leaves《葉》 and bake《焼く》 or steam《蒸す》 them. It's *laulau*《ラウラウ》.

Toya: That sounds delicious. I want to try it someday!

(1) 下線部を日本語にしなさい。

(　　　　　　　　　　　　　　　　　　　　　　　　　　　　)

(2) 透哉がハワイに住みたいと思っている理由を日本語で書きなさい。

(　　　　　　　　　　　　　　　　　　　　　　　　　　　　)

(3) 次の日本文が，ラウラウの説明になるように，(　)に適する日本語を書きなさい。

(　　　　　　　　)を(　　　　　　)で包み，焼いたり蒸したりしたもの。

(4) 本文の内容と合うものを1つ選びなさい。

ア　5月から10月は，ハワイでは夏にあたる。

イ　ハワイの冬の最高気温は24度である。

ウ　ハワイには四季がある。　(　　　　)

4 リスニング　音声を聞いて，あとの問いに答えなさい。

英語音声

AI-56

中学生の圭《けい》と ALT のミラー先生(Ms. Millar)が話しています。会話の内容に合うように＿＿＿に1語ずつ補って，文を完成させなさい。

The hula is a ＿＿＿＿＿＿ Hawaiian ＿＿＿＿＿＿.

Ms. Millar's ＿＿＿＿＿＿ dances the hula for tourists.

らくらくマルつけ

Aa-56

57 世界の友だち①

ちょこっとインプット
Ai-57

答えと解き方➡別冊 p.44

1 英単語　意味を書き，つづりも書いて，覚えましょう。

□(1)	China	意味	China
□(2)	Chinese	意味	Chinese
□(3)	uniform	意味	uniform
□(4)	gym clothes	意味	gym clothes
□(5)	lunch break	意味	lunch break
□(6)	... long	意味	... long
□(7)	before	意味	before
□(8)	convenient	意味	convenient
□(9)	different from ...	意味	different from ...
□(10)	take a nap	意味	take a nap

2 読 解　次の英文を読んで，あとの設問に答えなさい。

渉《わたる》は中国に住む友だちのユーシー(Yuxi)とオンラインで話しています。

Wataru: China has many World Heritage Sites, right?

Yuxi: Yes. We have ① over fifty《…以上》. The Great Wall《万里の長城》 is especially《特に》 popular and many people visit there. We can go ② there from Beijing《北京》. It is about twenty thousand kilometers《キロメートル》 long.

(1) 同じ語句の省略　下線部①のあとに省略されている語句を英語で書きなさい。

(2) 場所の表し方　下線部②が指す場所を日本語で書きなさい。

(　　　　　　　　　　　　　　　　)

(3) 内容の理解　本文の内容と合わないものを1つ選びなさい。

ア 中国には50以上の世界遺産がある。

イ 万里の長城は特に人気のある観光地である。

ウ 万里の長城の長さは約2,000キロメートルである。

(　　　　)

ヒント
(1) 同じ語句のくり返しを避けるために語句を省略することがある。
(2) 直前の文に注目。
(3) 大きい数字の表し方に注意。

3 読解　次の英文を読んで，あとの設問に答えなさい。

家族の仕事の都合で中国から日本に来たイーチェン(Yichen)が，クラスメートの沙月《さつき》と話しています。

Satsuki: Is school life in Japan different [①] that in China?

Yichen: Yes. School uniforms in China are different [①] that in Japan. Our school uniform looked like gym clothes. We took P.E. classes and other classes in《…を着て》 ② them.

Satsuki: You didn't need to《…する必要がある》 change《変える》 clothes before P.E. class. That sounds convenient to me. Anything else?《ほかに何かありますか。》

Yichen: Our school had a lunch break for two hours《時間》.

Satsuki: Was it that《そんなに》 long? How do the students spend the lunch break?

Yichen: They eat lunch at home and take a nap. Now, I have a lunch break for only fifty minutes. ③ I'm sleepy in the afternoon.

(1)　2つの [①] に共通して入る語をア～ウから1つ選びなさい。

ア　with　　イ　from　　ウ　on　　(　　　　)

(2)　次の日本文が，下線部②が指すものを表すように，(　)に適する日本語を書きなさい。

(　　　　　　　　　　)のような(　　　　　　　　　　)。

(3)　次の日本文が，下線部③の理由になるように，(　)に適する日本語を書きなさい。

日本の学校では，(　　　　　　　　)に(　　　　　　)をすることができないから。

(4)　本文の内容に合うものには○，合わないものには×を書きなさい。

ア　(　　　)沙月は中国の学校の制服を不便だと思っている。

イ　(　　　)沙月たちの学校の昼休みは50分間である。

4 リスニング　音声を聞いて，あとの問いに答えなさい。

英語音声

AI-57

中学生の克樹《かつき》と中国からの留学生のズハン(Zihan)が話しています。会話の内容に合うように(　)に日本語や数字を補って，文を完成させなさい。

中国の正月は，1月(　　　　　　　)日から2月20日の間に始まる。

正月には多くの人が(　　　　　　　　　　　　)をする。

らくらくマルつけ

Aa-57

ちょこっとインプット

Ai-58

世界の友だち②

答えと解き方➡別冊 p.45

1 英単語　意味を書き，つづりも書いて，覚えましょう。

□(1)	India	意味	India
□(2)	Indian	意味	Indian
□(3)	pork	意味	pork
□(4)	chicken	意味	chicken
□(5)	religious	意味	religious
□(6)	reason	意味	reason
□(7)	vegetarian	意味	vegetarian
□(8)	language	意味	language
□(9)	word	意味	word
□(10)	surprising	意味	surprising

2 読解　次の英文を読んで，あとの設問に答えなさい。

海斗《かいと》はインド出身の友だちのアニカ（Anika）とレストランに来ています。

Kaito: The curry at this restaurant is very good. You will like《…するだろう》 ① it.

Anika: ② (in / beef or / it / is / pork)? I can't eat them for religious reasons.

Kaito: They offer《提供する》 chicken curry and vegetarian curry, too.

(1) 相手への伝え方　下線部①が指すものを英語５語で書きなさい。

____

(2) 具材のたずね方　下線部②が意味の通る文になるように，(　)内の語句を並べかえなさい。

______________________________?

(3) 内容の理解　本文の内容と合わないものを１つ選びなさい。

ア　海斗はカレーをおすすめしている。

イ　アニカは宗教上の理由で食べられないものがある。

ウ　このレストランには肉を使った料理しかない。（　　　　）

ヒント

(1) 直前の文に注目。

(2) カレーの具材についてたずねている。

(3) vegetarian は「菜食主義者」という意味。

3 読解　次の英文を読んで，あとの設問に答えなさい。

中学生の朱里《あかり》は，インドからの留学生であるサイ(Sai)と話しています。

Akari: Do Indian people speak English?

Sai: Some people speak《…する人もいる》 it, but India also has other languages.

Akari: ① How many languages does it have?

Sai: It has twenty-two official《公式の》 languages. I speak Hindi《ヒンディー語》. About 40% of Indian people speak it.

Akari: Wow, India has so many languages. I don't know Hindi.

Sai: Maybe you know some Hindi words. Some English words come from Hindi, such as《…のような》 shampoo《シャンプー》 and pajamas《パジャマ》. And Japanese has words from Hindi, too. One of them is *daruma*.

Akari: Really? We use Hindi words in our daily《日常の》 life. ② That's surprising!

(1) 下線部①を it が指す内容を明らかにして日本語にしなさい。

(　　　　　　　　　　　　　　　　　　　　)

(2) 下線部②が指す内容を「…ということ。」という形で書きなさい。

(　　　　　　　　　　　　　　　　　　　　)

(3) 次の質問に英語で答えなさい。

[1] What language does Sai speak in India? ______________________

[2] Do some Japanese words come from Hindi? ______________________

(4) 本文の内容に合うものには○，合わないものには×を書きなさい。

ア (　　　) インドの人口の半分以上がヒンディー語を話す。

イ (　　　) *daruma* はヒンディー語由来の英単語である。

4 リスニング　音声を聞いて，あとの問いに答えなさい。

英語音声

Al-58

中学生の裕太《ゆうた》がインドに住む友だちのダーシャ(Darsha)とオンラインで話しています。会話の内容に合うように(　)に日本語や数字を補って，文を完成させなさい。

裕太の住む場所の今日の天気は(　　　　　　)で，インドは(　　　　　　)である。インドでは，6月から(　　　　　　)月が雨季にあたる。

らくらくマルつけ

Aa-58

59 世界の友だち③

ちょこっとインプット Ai-59

答えと解き方➡別冊 p.46

1 英単語　意味を書き，つづりも書いて，覚えましょう。

□(1)	Brazil	意味	Brazil
□(2)	Brazilian	意味	Brazilian
□(3)	carnival	意味	carnival
□(4)	samba	意味	samba
□(5)	strong	意味	strong
□(6)	weak	意味	weak
□(7)	country	意味	country
□(8)	large	意味	large
□(9)	time difference	意味	time difference
□(10)	the number of ...	意味	the number of ...

2 読解　次の英文を読んで，あとの設問に答えなさい。

中学生の誠《まこと》は，ブラジルからの留学生であるダニエル(Daniel)と話しています。

Makoto: The Brazil national (全国を代表する) soccer team is very strong, right? I like soccer very much. I'm on the soccer team. ① Can you join our team?

Daniel: I like soccer, but I don't play it. I want to join the volleyball team. ② It's also a popular sport in my country.

(1) 依頼のしかた　下線部①を日本語にしなさい。

(　　　　　　　　　　　　　　　　　　　　　　)

(2) 相手への伝え方　下線部②が指すものを日本語で書きなさい。

(　　　　　　　　　　　　　　　　　　　　　　)

(3) 内容の理解　本文の内容と合うものを1つ選びなさい。

ア　誠はバレーボール部に所属している。

イ　誠とダニエルのどちらもサッカーが好きだ。

ウ　ダニエルはバレーボールをプレーしない。　(　　　　　)

ヒント

(1) Can you ...? は依頼を表す表現。

(2) 直前の文に注目。

(3) 文の単語を注意深くチェックしよう。

3 読 解　次の英文を読んで，あとの設問に答えなさい。

中学生の希美《のぞみ》は，ブラジルに住む友だちのジュリア(Julia)とオンラインで話しています。

Nozomi: It's eight in the evening. ① (in / it / time / what / is) Brazil?

Julia: It's [②] in the morning. We have a time difference of 12 hours.

Nozomi: Do you go to school soon《そろそろ》?

Julia: No, I don't. I go to school at one in the afternoon. At many schools in Brazil, ③ students can go to school in the morning or in the afternoon. The number of students is large, so schools divide《分割する》 the school hours.

Nozomi: Really? What do you usually do in the morning?

Julia: I usually study at home. I sometimes play beach volleyball with my friends and help my mother.

(1) 下線部①が意味の通る文になるように，(　)内の語を並べかえなさい。

________________ Brazil?

(2) [②] に入る英語１語を書きなさい。 ________

(3) 下線部③のようなシステムになっている理由を日本語で書きなさい。

(　　　　　　　　　　　　　　　　)

(4) 次の質問に英語で答えなさい。

[1] What time does Julia go to school?

____

[2] Does Julia always help her mother in the morning?

____

4 リスニング　音声を聞いて，あとの問いに答えなさい。

英語音声

AI-59

中学生の千沙《ちさ》とブラジルからの留学生のペドロ(Pedro)が話しています。会話の内容に合うように ____ に１語ずつ補って，文を完成させなさい。

Rio de Janeiro is famous for its ________

and its beautiful ________ .

らくらくマルつけ

Aa-59

OUTPUT! 60

まとめのテスト❸

／100点

答えと解き方➡別冊 p.47

❶ 英単語　次の英語は日本語に，日本語は英語になおしなさい。［3点×10＝30点］

(1) video (　　　　　)　(2) local (　　　　　)

(3) language (　　　　　)　(4) warm (　　　　　)

(5) uncle (　　　　　)　(6) 投稿(する) ＿＿＿＿

(7) 制服 ＿＿＿＿　(8) 観光 ＿＿＿＿

(9) 橋 ＿＿＿＿　(10) 文化 ＿＿＿＿

❷ 読 解　次の英文を読んで，あとの設問に答えなさい。［5点×4＝20点］

神奈川を旅行中の泰士《たいし》は，同じく広島を旅行中のソフィア(Sophia)とEメールをやりとりしています。

Taishi: Hi, Sophia. I'm traveling in Yokohama with my family now. It's sunny ① here today. Do you know Yokohama Chinatown《中華街》? It has many restaurants, so we're enjoying many kinds [②] Chinese food, such as soup dumplings《小籠包》 and steamed meat buns《肉まん》. How is your trip?

Sophia: Hi, Taishi. ③ (e-mail / for / thanks / your). It's sunny in Hiroshima, too. I'm visiting the Itsukushima Shrine《厳島神社》 on Miyajima Island with my host family《ホストファミリー》. The shrine is a World Heritage Site. It's on the sea and very beautiful.

(1) 下線部①が指す場所を英語2語で抜き出して書きなさい。 ＿＿＿＿

(2) [②] に入る英語1語を書きなさい。 ＿＿＿＿

(3) 下線部③が意味の通る文になるように，(　)内の語を並べかえなさい。

＿＿＿＿＿＿＿＿＿＿＿＿＿＿＿＿.

(4) 本文の内容と合わないものを1つ選びなさい。

ア　泰士は中華街で中華料理を食べている。

イ　ソフィアは家族といっしょに旅行をしている。

ウ　ソフィアは厳島神社を美しいと思っている。　(　　　)

3 読 解　次の英文を読んで，あとの設問に答えなさい。［38 点］

中学生の舞《まい》は，留学生のルーカス(Lucas)と話しています。

Lucas: Mai, your birthday is the day after my birthday. My birthday is May 5.

Mai: Oh, that's Children's Day《こどもの日》.

Lucas: What is that?

Mai: It's a traditional Japanese holiday for children. Until 1948, it was Boy's Day《端午の節句》. We put up《揚げる》 *koinobori* and wish for《…を願う》 children's happiness. They look like carp《コイ》. Carp are a symbol for boys.

Lucas: I see. Do you eat any special food on that day?

Mai: We eat *kashiwa-mochi* and *chimaki*. They're traditional Japanese sweets. We wrap rice cakes《もち》 in leaves.

(1) 下線部を日本語にしなさい。(5 点)

(　　　　　　　　　　　　　　　　　　　　　　　　　　　　　　)

(2) 次の質問に英語で答えなさい。(6 点×2＝12 点)

［1］ When is Mai's birthday? ＿＿＿＿＿＿＿＿＿＿＿＿＿＿＿＿

［2］ What do people wish for on Children's Day?

＿＿＿＿＿＿＿＿＿＿＿＿＿＿＿＿＿＿＿＿＿＿＿＿＿＿＿＿＿＿

(3) 本文の内容に合うものには○，合わないものには×を書きなさい。(7 点×3＝21 点)

ア (　　　) 1947 年に 5 月 5 日がこどもの日になった。

イ (　　　) コイは男の子を象徴している。

ウ (　　　) こどもの日には葉っぱで包んだもち菓子を食べる習慣がある。

4 リスニング　音声を聞いて，あとの問いに答えなさい。［6 点×2＝12 点］

英語音声

AI-60

留学生のメグ(Meg)がクラスメートの雄大《ゆうだい》の家に電話をかけています。会話の内容に合うように(　)に日本語を補って，文を完成させなさい。

電話をしたところ雄大は不在で，彼の(　　　　　　　　　　)が電話に出た。

メグは，あとで雄大に(　　　　　　　　　　　　　　)つもりだと言った。

らくらくマルつけ

Aa-60

チャレンジテスト❶

／100点

答えと解き方➡別冊 p.48

1 読解　次の英文を読んで，あとの設問に答えなさい。[20点]

新しいALTのアダムズ先生(Ms. Adams)が，初めての英語の授業で自己紹介をしています。

Hello, everyone. My name is Emma Adams. Call me Ms. Adams. I'm from London, in the U.K. I'm thirty years [①]. ② I can speak Japanese a little. I like Japanese culture. I often visit temples and shrines on weekends. ③ (do / what / weekends / you / do / on)? Please tell me! I want to know about you. Thank you.

(1) [①] に入る英語1語を書きなさい。(6点)　＿＿＿＿

(2) 下線部②を日本語にしなさい。(7点)

(　　　　　　　　　　　　)

(3) 下線部③が意味の通る文になるように，(　)内の語を並べかえなさい。(7点)

＿＿＿＿＿＿＿＿＿＿＿＿?

2 読解　次の英文を読んで，あとの設問に答えなさい。[20点]

中学生の信二《しんじ》，恵美《えみ》と留学生のジャック(Jack)の3人が話しています。

Shinji: Emi, this is Jack. He is my classmate. Jack, this is Emi.

Emi: Nice to meet you, Jack. [①] are you from?

Jack: I'm from Australia. What club do you belong [②]?

Emi: I belong [②] the art club. Shinji and I are in the same club.

(1) [①] に入る英語1語を書きなさい。(6点)　＿＿＿＿

(2) 2つの [②] に共通して入る英語1語を書きなさい。(6点)　＿＿＿＿

(3) 本文の内容と合わないものを1つ選びなさい。(8点)

ア　信二と恵美は初対面である。

イ　ジャックは信二のクラスメートである。

ウ　信二は美術部に所属している。　(　　　)

3 読解　次の英文を読んで，あとの設問に答えなさい。［44点］

中学生の美香子《みかこ》は，留学生のアンディ（Andy）と話しています。

Andy: I want to go swimming in the sea this summer. How about you, Mikako? Do you have any plans for the summer vacation?

Mikako: Yes. I want to go to Niigata with my sister and brother.

Andy: What do you want to do there?

Mikako: Nagaoka in Niigata has a very big fireworks festival. We can see about twenty thousand fireworks there.

Andy: That sounds great. Do you go to the fireworks festival every year?

Mikako: No. It is the first time for me. I saw a video of <u>it</u> on social media last summer. It was very beautiful.

(1) 下線部が指すものを英語3語で抜き出して書きなさい。（6点）

____

(2) 次の質問に英語で答えなさい。（10点×2＝20点）

［1］ What does Andy want to do this summer?

____

［2］ Does Mikako want to go to Niigata with her family?

____

(3) 本文の内容に合うものには○，合わないものには×を書きなさい。（9点×2＝18点）

ア（　　　）長岡の花火大会では，約2,000発の花火が上がる。

イ（　　　）美香子は昨年の夏，長岡の花火大会に参加した。

4 リスニング　音声を聞いて，あとの問いに答えなさい。［8点×2＝16点］

英語音声

AI-61

中学生の修《しゅう》と留学生のナンシー（Nancy）が話しています。会話の内容に合うように（　）に日本語を補って，文を完成させなさい。

修は（　　　　　　　　　　）ことが好きだが，ナンシーはあまり好きではない。

修とナンシーの両方とも，（　　　　　　　　　　）ことが好きだ。

らくらくマルつけ

Aa-61

チャレンジテスト❷

／100点

答えと解き方➡別冊 p.49

1 読解　次の英文を読んで，あとの設問に答えなさい。［6点×3＝18点］

中学生の俊哉《としや》は，留学生のゲイリー(Gary)と服屋に来ています。

Toshiya: The design《デザイン》 on this T-shirt is cool. I wanted a new T-shirt.

Gary: It has many color options《選択肢》. What color do you like?

Toshiya: My [①] color is blue. I want to buy the blue ② one.

Gary: Can [③] also buy a T-shirt with the same design? I like black, so I want to buy the black ② one.

Toshiya: Of course! Let's go to the checkout counter.

(1) [①] に入る英語1語を書きなさい。 ＿＿＿＿

(2) 2つの下線部②が共通して指すものを英語1語で書きなさい。 ＿＿＿＿

(3) [③] に入る英語1語を書きなさい。 ＿＿＿＿

2 読解　次の英文を読んで，あとの設問に答えなさい。［20点］

中学生の理沙《りさ》と，理沙の家にホームステイ中のクレア(Claire)は，これから出かけようとしています。

Claire: [①] do you usually go to the theater?

Risa: I usually go ② there by bike, but it's rainy today. Let's take a bus. From our house to the bus stop《バス停》, we walk for five minutes.

Claire: OK. The next bus leaves at 10:10, so let's leave home at 10:00.

(1) [①] に入る英語1語を書きなさい。(6点) ＿＿＿＿

(2) 下線部②が指す場所を日本語で書きなさい。(6点) (　　　　)

(3) 本文の内容と合うものを1つ選びなさい。(8点)

ア　今日の天気はくもりである。

イ　バス停は理沙の家から徒歩10分のところにある。

ウ　2人はバスが出る5分前にバス停に着く予定だ。 (　　　)

3 読解　次の英文を読んで，あとの設問に答えなさい。[48点]

中学生の仁《じん》は，留学生のモニカ（Monica）と話しています。

Jin: Good morning《おはよう》, Monica. It's Wednesday today. We have Japanese, math, P.E., music and science.

Monica: Nice. I like math very much. What subject do you like?

Jin: I like science. I want to be a scientist《科学者》.

Monica: ① That's a great dream! You study science very hard, so you can be a good scientist.

Jin: Thank you, Monica. What's your dream?

Monica: I want to be a nursery teacher《保育士》. ② I often take care of my sister.

(1) 下線部①が指す内容を日本語で書きなさい。(7点)

(　　　　　　　　　　　　　　　　　　　　　　)

(2) 下線部②を日本語にしなさい。(7点)

(　　　　　　　　　　　　　　　　　　　　　　)

(3) 次の質問に英語で答えなさい。(9点×2＝18点)

[1] How many classes do Jin and Monika have today?

____

[2] Does Jin study science hard? ______________________________

(4) 本文の内容に合うものには○，合わないものには×を書きなさい。(8点×2＝16点)

ア (　　　) 今日は水曜日である。

イ (　　　) モニカの将来の夢は数学の先生である。

4 リスニング　音声を聞いて，あとの問いに答えなさい。[7点×2＝14点]

英語音声

AI-62

中学生の遥《はる》香《か》と留学生のデイヴィッド（David）が話しています。会話の内容に合うように，(1)，(2)に適する日本語や数字を書き，表を完成させなさい。

月	行事
(1)(　　　　　)月	運動会
10月	(2)(　　　　　　　　　　)

らくらくマルつけ

Aa-62

□ 編集協力　㈱オルタナプロ　鹿島由紀子　白石あゆみ

□ 本文デザイン　土屋裕子(㈲ウエイド)

□ コンテンツデザイン　㈲Y-Yard

□ 音声収録　一般財団法人英語教育協議会(ELEC)

シグマベスト

アウトプット専用問題集
中1英語[単語・読解・リスニング]

編　者　文英堂編集部

発行者　益井英郎

印刷所　岩岡印刷株式会社

発行所　株式会社文英堂

〒601-8121　京都市南区上鳥羽大物町28

〒162-0832　東京都新宿区岩戸町17

(代表)03-3269-4231

●落丁・乱丁はおとりかえします。

ΣBEST シグマベスト

アウトプット専用問題集

書いて定着

中1英語

単語・読解・リスニング

答えと解き方

文英堂

1 自分について話す❶ 本冊 p.4

❶ (1) こんにちは　(2) みなさん
(3) 呼ぶ　(4) 私を　(5) …出身で
(6) オーストラリア　(7) 12
(8) …歳　(9) 好きである
(10) 日本の

❷ (1) 私はエマ・ウォンです。
(2) **I'm**　(3) ウ

❸ (1) 私はあなたたちの英語の先生です。
(2) **from**
(3) 私は日本の食べ物[日本食，和食]が好きです。
(4) ウ　(5) イ

❹ **Call me**

解き方

❷ (1) I'm は I am の短縮形で，「私は…である」という意味です。
(2) 「…である」という意味を表す be 動詞を使います。**主語が I のときの be 動詞は am** で，I am の短縮形は **I'm** となります。
(3) 日本語訳 を確認しましょう。

> **日本語訳**
> こんにちは，みなさん。私はエマ・ウォンです。私をエマと呼んでください。私はオーストラリア出身です。私は 12 歳です。私は日本のファッションが大好きです。

❸ (1) your は「あなた(たち)の」という意味です。
(2) あとに地名が続くので，from が入ります。**be from … で「…出身である」という意味**です。
(4) like が続くので，don't を使って否定文にします。**don't は do not の短縮形**です。
(5) 日本語訳 を確認しましょう。

> **日本語訳**
> こんにちは，みなさん。私はジェームズ・スミスです。私はあなたたちの英語の先生です。私をスミス先生と呼んでください。私はアメリカのニューヨーク出身です。私は 28 歳です。私は日本の食べ物が好きです。私はすし，そば，そしてお好み焼きが好きです。でも納豆はあまり好きではありません。私は日本のスポーツが大好きです。私は空手が好きです。

❹ 読まれた英文の日本語訳
ぼくはチャールズ・ロビンソンです。
ぼくをチャーリーと呼んでください。

2 自分について話す❷ 本冊 p.6

❶ (1) 音楽　(2) する，演奏する
(3) 持っている，飼っている
(4) 勉強する　(5) ピアノ
(6) ギター　(7) 野球　(8) サッカー
(9) イヌ　(10) ネコ

❷ (1) **Call me Dave**　(2) イ　(3) イ

❸ (1) 私は毎日英語を勉強します。
(2) **I don't play baseball**
(3) イ　(4) ア

❹ (1) ウ　(2) イ　(3) ア

解き方

❷ (1) **Call me …. で「私を…と呼んでください」**という意味です。
(2) あとに music「音楽」が続くので，like「好きである」が入ります。
(3) 日本語訳 を確認しましょう。

> **日本語訳**
> こんにちは，みなさん。ぼくはデイヴィッド・テイラーです。ぼくをデイヴと呼んでください。ぼくはカナダ出身です。ぼくは音楽が大好きです。ぼくはピアノとギターを弾きます。

❸ (2) **一般動詞の否定文は，〈don't＋一般動詞〉の語順に**なります。**I don't …. で「私は…しません」**という意味です。
(3) あとに「イヌとネコ」が続くので，have「飼っている」が入ります。

(4) 日本語訳 を確認しましょう。

日本語訳

こんにちは，みなさん。私は山下香織です。私は英語が好きです。私は毎日英語を勉強します。私は野球ファンです。でも私は野球をしません。私は１ぴきのイヌと１ぴきのネコを飼っています。私は動物が大好きです。

❹ **読まれた英文**

Nancy: I'm Nancy. I have a brother.
Mike: I'm Mike. I study Japanese.
Ann: I'm Ann. I like soccer.

読まれた英文の日本語訳

ナンシー：私はナンシーです。私は兄弟が１人います。
マイク：ぼくはマイクです。ぼくは日本語を勉強します。
アン：私はアンです。私はサッカーが好きです。

③ 相手にたずねる❶ 本冊 p.8

❶ (1) はい　(2) いいえ
(3) アメリカ　(4) カナダ
(5) フットボール，サッカー
(6) ラグビー　(7) 学生，生徒
(8) 組，クラス　(9) ファン
(10) 新しい

❷ (1) ① **Are**　② **No**　(2) ウ

❸ (1) **I am**
(2) あなたはオーストラリア出身ですか。
(3) [1] **No, I'm[I am] not.**
[2] **Yes, I am.**
(4) ア ○　イ ×　ウ ○

❹ **No, I'm not**

解き方

❷ (1) ① 主語が **you** のときの **be** 動詞は **are** です。**Are you ...?** で「あなたは…ですか」という意味になります。
② **I'm not** が続くので，「いいえ」という答えだとわかります。
(2) 日本語訳 を確認しましょう。

日本語訳

裕太：あなたはアメリカ出身ですか。
カレン：はい，そうです。
裕太：あなたはフットボールファンですか。
カレン：いいえ，違います。私は野球ファンです。
裕太：ああ，本当ですか。ぼくもです。

❸ (1) **Are you ...?** に対して Yes で答えるときは，**Yes, I am.** とします。
(2) **Are you from ...?** で「あなたは…出身ですか」という意味です。
(3) [1] 「あなたは２組ですか」という質問です。
[2] 「あなたは英語の先生ですか」という質問です。
(4) 日本語訳 を確認しましょう。

日本語訳

ミラー先生：やあ，あなたは新入生ですか。
奈美：はい，そうです。私は白井奈美です。私は３組です。はじめまして。
ミラー先生：私はダニエル・ミラーです。私は英語の先生です。こちらこそはじめまして。
奈美：あなたはオーストラリア出身ですか。
ミラー先生：いいえ，違います。私はカナダ出身です。
奈美：ああ，私はアイスホッケーファンです！
ミラー先生：いいですね！　私もアイスホッケーが好きです。

❹ **読まれた英文の日本語訳**

太一：ソフィア，あなたはラグビーファンですか。
ソフィア：いいえ，違います。

④ 相手にたずねる❷ 本冊 p.10

❶ (1) 見る　(2) ときどき
(3) よく，しばしば
(4) ふつう，たいてい
(5) わくわくさせる　(6) 朝食
(7) 昼食　(8) 夕食
(9) 軽食，おやつ　(10) そこで

❷ (1) あなたはテレビを見ますか

(2) **don't** (3) イ

❸ (1) イ

(2) **[1] No, I don't[do not].**

[2] Yes, I do.

(3) ア × イ ○ ウ ○

❹ **Yes, I do**

解き方

❷ (1) **Do you …?** で「あなたは…しますか」という意味になります。

(2) **do not** の短縮形は **don't** です。

(3) 日本語訳 を確認しましょう。

日本語訳

翔：あなたはテレビを見ますか，ジム。

ジム：はい，見ます。ぼくはときどきラグビーを見ます。

翔：いいですね。あなたはラグビーをしますか。

ジム：いいえ，しません。でもラグビーはわくわくさせるスポーツです。

❸ (1) **Do you …?** に対して Yes で答えるときは，**Yes, I do.** とします。

(2) [1] 「あなたは魚が好きですか」という質問です。

[2] 「あなたはピザが好きですか」という質問です。

(3) 日本語訳 を確認しましょう。

日本語訳

ケイト：奈々，あなたは魚が好きですか。

奈々：はい，好きです。私はたいてい朝食に魚を食べます。

ケイト：わあ！　私は魚が好きではありません。

奈々：ああ，肉はどうですか。あなたは肉が好きですか。

ケイト：それほど好きではありません。私はよくピザを食べます。私はピザが大好きです。

奈々：私もです！　あなたは駅の近くのピザレストランを知っていますか。

ケイト：はい，知っています。私はよくそこでピザを食べます。

奈々：私はおなかがすきました。そこでピザを食べましょう！

❹ 読まれた英文の日本語訳

大樹：エリー，あなたはネコを飼っていますか。

エリー：はい，飼っています。

5 できることを伝える・たずねる❶

本冊 p.12

❶ (1) …することができる

(2) ただ…だけ (3) …で，…に所属して

(4) 体育館 (5) 図書館

(6) じょうずに (7) 吹奏楽部

(8) 美術部 (9) トランペット

(10) 楽しむ

❷ (1) あなたはテニスをすることができますか。

(2) **I can** (3) イ

❸ (1) 私はピアノを弾くことができます。

(2) 音楽室 (3) **Yes, can**

(4) ア × イ ○ ウ ○

❹ **Yes, I can**

解き方

❷ (1) **Can you …?** で「あなたは…することができますか」とたずねる文になります。

(2) **Can you …?** に Yes で答えているので，**can** を使って答えます。

(3) 日本語訳 を確認しましょう。

日本語訳

陽菜：私はよくテニスをします。あなたはテニスをすることができますか。

メグ：いいえ，できません。私はただそれを見るだけです。私はバスケットボールをします。あなたはそれをすることができますか。

陽菜：はい，できます。私はテニスとバスケットボールが好きです。

メグ：いいですね！　私たちは体育館でバスケットボールをすることができます。

❸ (2) 誠の１つ前の発言に着目します。

(3) 「リサはトランペットを演奏することができますか」という質問です。

(4) 日本語訳 を確認しましょう。

日本語訳

誠：あなたは音楽が好きですか，アレックス。

アレックス：はい。ぼくはピアノを弾くことができます。

誠：すばらしいです。ぼくも音楽が好きです。ぼくは吹奏楽部に所属しています。

アレックス：わあ！　あなたはトランペットを演奏することができますか。

誠：いいえ，できません。ぼくたちのクラスメートのリサがそれを演奏することができます。ぼくは部でフルートを演奏します。あなたは音楽室のピアノを弾きますか。

アレックス：いいえ，弾きません。

誠：あなたはそこでピアノを弾くことができます。そこに行きましょう！

アレックス：すばらしいです！　ありがとう，誠。

❹ **読まれた英文の日本語訳**

ジョーンズ先生：好一，あなたはサッカーをすることができますか。

好一：はい，できます。

6 できることを伝える・たずねる❷

本冊 p.14

❶ (1) 作る　(2) カレー
(3) オムレツ　(4) 目玉焼き
(5) 日本語(の)　(6) 本　(7) 読む
(8) 話す　(9) 少し　(10) 一生懸命に

❷ (1) 作ることができますか
(2) **can't[cannot]**　(3) ウ

❸ (1) ア
(2) ［1］ **No, I can't[cannot].**
［2］ **Yes, I do.**
(3) ア ○　イ ○　ウ ×

❹ (1) **can**　(2) **can't[cannot]**

解き方

❷ (2) 「…することができない」は **can't** または **cannot** を使って表します。

(3) 日本語訳 を確認しましょう。

日本語訳

リリー：私はお好み焼きが好きです。あなたはそれが好きですか，由紀。

由紀：はい。私はよくそれを作ります。あなたはそれを作ることができますか。

リリー：いいえ。私はお好み焼きを作ることはできませんが，オムレツを作ることができます。

由紀：すばらしいです！　私はオムレツが好きです。いっしょにお好み焼きとオムレツを作りましょう。

❸ (1) 「あなたは本を読みますか」とたずねられています。空所に続けて I like Japanese picture books. と答えているので，Yes と答えていると判断できます。

(2) ［1］「あなたは漢字を読むことができますか」という質問です。
［2］「あなたは毎日，日本語を勉強しますか」という質問です。

(3) 日本語訳 を確認しましょう。

日本語訳

優作：アマンダ，あなたは本を読みますか。

アマンダ：はい，読みます。私は日本語の絵本が好きです。

優作：ああ，あなたは日本語を読むことができますか。

アマンダ：はい，でもひらがなとカタカナだけです。私はまだ漢字を読むことはできません。

優作：なるほど。あなたは日本語を勉強しますか。

アマンダ：はい。私はそれを毎日とても一生懸命に勉強します。

優作：すばらしいですね！

アマンダ：あなたは次の日曜日に私といっしょに勉強することができますか。

優作：はい，もちろんです！

❹ **読まれた英文**

Andre: Sakura, can you play the violin?

Sakura: Yes, I can. Andre, can you play it?
Andre: No, I can't.

読まれた英文の日本語訳

アンドレ：桜，あなたはバイオリンを弾くことができますか。
桜：はい，弾くことができます。アンドレ，あなたはそれを弾くことができますか。
アンドレ：いいえ，弾くことができません。

7 身近な人・ものを紹介する❶ 本冊 p.16

❶ (1) これ，この (2) 彼は[が]
(3) 彼女は[が] (4) それは[が]
(5) 友だち (6) バレーボール
(7) お気に入りの (8) いそがしい
(9) ひまな (10) ラケット
❷ (1) **is** (2) ウ (3) ウ
❸ (1) イ
(2) [1] **No, I'm[I am] not.**
[2] **Yes, I do.**
(3) ア ○ イ ○ ウ ×
❹ **is from Canada**

解き方

❷ (1) 主語が **this** のときの **be** 動詞は **is** です。
(2) Nice to meet you. には Nice to meet you, too. と返すことができます。
(3) 日本語訳 を確認しましょう。

日本語訳

エラ：里香，こちらはカイルです。彼は1年C組です。カイル，こちらは里香です。彼女は1年A組です。彼女は私の友だちです。私たちはよくいっしょにテニスをします。
カイル：こんにちは！ はじめまして，里香。
里香：こちらこそはじめまして。

❸ (1) アメリカ合衆国出身かどうかたずねられて，直後に「彼はオーストラリア出身です」と答えているので，「いいえ」と否定する語句があてはまります。
(2) [1]「あなたはいつもひまですか」という質問です。
[2]「あなたは卓球をしますか」という質問です。
(3) 日本語訳 を確認しましょう。

日本語訳

ヒル先生：こちらはスミス先生です。彼は新しい英語の先生です。
健太：なるほど。彼はアメリカ合衆国出身ですか。
ヒル先生：いいえ，違います。彼はオーストラリア出身です。彼はしばしばいそがしいですが，あなたたちを手伝うことができます。
健太：これは卓球のラケットですか。
ヒル先生：そうです。彼のお気に入りのスポーツは卓球です。彼はそれをじょうずにすることができます。あなたもそれをします。あなたは彼と放課後にそれをすることができますよ。
健太：本当ですか。それはすばらしいです！

❹ 読まれた英文の日本語訳

こんにちは，みなさん。こちらはジョエルです。彼はカナダ出身です。

8 身近な人・ものを紹介する❷ 本冊 p.18

❶ (1) 有名な (2) 人気のある
(3) おいしい (4) レストラン
(5) 城 (6) 水族館
(7) 博物館，美術館 (8) 使う
(9) コンピューター (10) 部屋
❷ (1) あれは有名なレストランです。
(2) **It's** (3) イ
❸ (1) これは[が]図書室です
(2) コンピューターを使うこと。
(3) **Yes, I do.**
(4) ア × イ ○ ウ ○
❹ **Yes, it is**

解き方

❷ (1) **That is ....** で「あれは…です」という意味です。

(2) **it is** の短縮形は **it's** です。

(3) 日本語訳 を確認しましょう。

日本語訳

美紀：あれは有名なレストランです。それは城のように見えます。

ジェフ：わあ！　あなたはよくそのレストランに行きますか。

美紀：はい，行きます。私はいつもそこでカレーライスを食べます。

ジェフ：本当ですか。それはぼくのお気に入りの食べ物です。

❸ (1) This is .... で「これは…です」という意味です。

(2) 2行目で「図書室の中で自分のコンピューターを使うことができますか」とたずねたレオに対し，凛は「いいえ，できません」と答えています。

(3) 「あなたはコンピューター室で宿題をしますか」という質問です。

(4) 日本語訳 を確認しましょう。

日本語訳

凛：レオ，これが図書室です。

レオ：とても大きいですね。凛，図書室の中で自分のコンピューターを使うことができますか。

凛：いいえ，できません。コンピューター室で使うことができます。

レオ：わかりました。あれがコンピューター室ですか。

凛：はい，そうです。私はときどき，そこで宿題をします。

レオ：あなたは手に本を持っているのですか。

凛：いいえ。日本のカードゲームのかるたです。放課後にそれをしましょう。

レオ：わかりました！

❹ **読まれた英文の日本語訳**

ダニエル：穂香，あれは人気のある水族館ですか。

穂香：はい，そうです。

9 知らない人・ものについてたずねる❶

本冊 p.20

❶ (1) かばん (2) 新聞 (3) フルート
(4) 机 (5) 通り (6) 町
(7) 本屋 (8) トラック (9) バス
(10) 家

❷ (1) **What's**／これは何ですか。
(2) ウ

❸ (1) **What** (2) 本屋[書店]
(3) **Is this a truck**
(4) **Yes, I do.**
(5) ア × イ × ウ ○

❹ **what is that**

解き方

❷ (1) **what** は「何」という意味を表します。また，**what is** の短縮形は **what's** です。

(2) 日本語訳 を確認しましょう。

日本語訳

咲：ベティ，これが私の部屋です。

ベティ：いいですね。これは何ですか。

咲：湯飲みです。私はよくそれで熱いお茶を飲みます。

ベティ：なるほど。あのかばんには何が入っているのですか。

咲：私のトランペットです。私は吹奏楽部でそれを演奏します。

❸ (1) 「(それは)本屋です」と答えているので，**「何ですか」とたずねる What** を入れます。

(2) 直前の文に着目します。

(3) クエスチョンマーク(?)があるので，be 動詞を先頭にして疑問文を作ります。**Is this ...?** で **「これは…ですか」** という意味です。

(4) 「あなたはときどき神社へ行きますか」という質問です。

(5) 日本語訳 を確認しましょう。

日本語訳

ノア：私はこの町をよく知りません。あれは何ですか。

颯太：本屋です。ぼくたちはそこでマンガ本も買うことができます。
ノア：いいですね。私は本が好きです。ああ，これは何ですか。トラックですか。
颯太：いいえ，違います。それは特別なバスです。ぼくたちはそれをぼくたちの町でのみ見ることができます。
ノア：本当ですか。おや，私は古い家が見えます。あれは何ですか。
颯太：神社です。ぼくはときどきそこへ行きます。
ノア：すごいですね。

❹ 読まれた英文の日本語訳

ミア：翔，あれは何ですか。
翔：それは美術館です。

10 知らない人・ものについてたずねる❷

本冊 p.22

❶ (1) 女性　(2) 男性　(3) 兄，弟
(4) 姉，妹　(5) 15
(6) チーム　(7) 同級生，クラスメート
(8) 芸術家　(9) 描く　(10) 絵，写真

❷ (1) **Who's**　(2) **isn't**　(3) ア

❸ (1) ア　(2) 15　(3) **Yes, he is.**
(4) ア ○　イ ×　ウ ○

❹ **who is that**

解き方

❷ (1) **who is** の短縮形は **who's** です。
(2) No で答えているので，**is not** の短縮形 **isn't** を入れます。
(3) 日本語訳 を確認しましょう。

日本語訳

マイク：あの女性はだれですか，美羽。
美羽：彼女はチェン先生です。彼女は私たちの英語の先生です。
マイク：なるほど。彼女はアメリカ出身ですか。
美羽：いいえ，違います。彼女はオーストラリア出身です。彼女は日本語も話せます。

❸ (1) 「彼(＝勇人の兄)はじょうずにサッカーをすることができますか」とたずねられています。直後に「彼はスポーツが得意です」と言ってるので，Yes と答えます。
(2) ２行目に着目します。
(3) 「あなたのお父さんは芸術家ですか」という質問です。
(4) 日本語訳 を確認しましょう。

日本語訳

ダイアナ：勇人，この男の子はだれですか。
勇人：彼はぼくの兄の秀一です。彼は 15 歳です。今，彼はサッカー部に所属しています。
ダイアナ：私はサッカーが好きです。彼はじょうずにサッカーをすることができますか。
勇人：はい，できます。彼はスポーツが得意です。
ダイアナ：すごいですね！　この男性はだれですか。彼はあなたのお父さんですか。
勇人：はい，そうです。彼は芸術家です。この写真の中の絵が見えますか。彼の作品なんです。

❹ 読まれた英文の日本語訳

ウィリアム：萌，あちらはだれですか。
萌：私の母です。

11 日常の行動についてたずねる❶

本冊 p.24

❶ (1) どのようにして　(2) 来る
(3) 学校　(4) 駅　(5) …の近くに
(6) 自転車　(7) 電車　(8) 車
(9) 早く　(10) 毎…

❷ (1) **How**
(2) 私は自転車で学校に来ることもできます。
(3) ウ

❸ (1) **always**
(2) 勉強／テレビゲーム
(3) **No, I don't[do not].**
(4) ア ○　イ ×　ウ ○

❹ **How do you**

解き方

❷ (1) 直後で「ぼくは歩いて学校に来ます」と答えており，交通手段をたずねていると判断できるので，**How から始まる疑問文**にします。

(2) by の後ろに乗り物名などを続けると，「…で」と交通手段を表します。

(3) 日本語訳 を確認しましょう。

日本語訳

ジャック：やあ，圭太。あなたはどうやって学校に来るのですか。

圭太：ぼくは歩いて学校に来ます。ぼくの家は学校の近くにあります。ぼくは姉と学校に来ます。あなたはどうですか。

ジャック：バスで来ます。ぼくは自転車で来ることもできます。しかしぼくは今，自転車を持っていません。

❸ (2) 6～7行目の浩太の発言に着目します。

(3)「あなたは11時に寝ますか」という質問です。

(4) 日本語訳 を確認しましょう。

日本語訳

浩太：あなたは早く学校に来ますね。

ルナ：私は毎日，5時に起きて公園で走るので，学校に早く来ることができます。

浩太：本当ですか。今，眠いですか。

ルナ：いいえ，眠くありません。私はいつも9時に寝ます。あなたはどうですか。

浩太：ぼくは11時に寝ます。毎日，夕食のあとに勉強をして，テレビゲームをします。ぼくはときどき眠いです。

ルナ：なるほど。

❹ **読まれた英文の日本語訳**

ジョーイ：あなたはどのようにして学校に来るのですか。

小春：自転車で来ます。

12 日常の行動についてたずねる❷

本冊 p.26

❶ (1) 何　(2) 買い物に行く
(3) 映画館　(4) パン　(5) 米，ご飯
(6) サンドイッチ　(7) コーヒー
(8) 紅茶，茶　(9) 牛乳　(10) 苦い

❷ (1) ① **do** ② **What** (2) ア

❸ (1) パン
(2) ［1］ **I have rice.**
［2］ **Yes, I do.**
(3) ア ×　イ ×　ウ ○

❹ **What do you**

解き方

❷ (1) ① することを具体的に答えているので，一般動詞の do「する」を入れます。

② 「あなたはそこで何を勉強しますか」とたずねていると考え，What を入れます。

(2) 日本語訳 を確認しましょう。

日本語訳

ザック：あなたは毎週日曜日に何をしますか。

風太：ぼくは買い物に行き，イヌと遊びます。あなたはどうですか。

ザック：ぼくはよく図書館で勉強します。

風太：あなたはそこで何を勉強しますか。

ザック：ぼくは数学を勉強します。それはぼくのお気に入りの教科です。

❸ (1) 2行目のアリスの発言に着目します。

(2) ［1］「あなたは朝食に何を食べますか」という質問です。

［2］「あなたは朝食に牛乳を飲みますか」という質問です。

(3) 日本語訳 を確認しましょう。

日本語訳

佐藤先生：あなたたちは朝食に何を食べますか。

アリス：私はふつうパンを食べます。

壮真：ぼくはご飯を食べます。佐藤先生，あなたはどうですか。

佐藤先生：私はトーストを食べます。コーヒーも飲みます。

アリス：本当ですか。私はコーヒーが好きではありません。壮真，あなたは何を飲みますか。

壮真：ええと，ぼくはふつう緑茶を飲みます。
佐藤先生：なるほど。アリス，あなたは緑茶が好きですか。
アリス：いいえ，好きではありません。私はふつう朝食に牛乳を飲みます。

❹ 読まれた英文の日本語訳
碧斗：あなたは朝食に何を食べますか。
エレーナ：私はパンを食べてオレンジジュースを飲みます。

13 クラスメートについて話す 本冊 p.28

❶ (1) 水泳　(2) 泳ぐ　(3) 13
(4) 14　(5) 30　(6) アメリカ合衆国
(7) イギリス　(8) バドミントン
(9) 活動的な　(10) 勇敢な
❷ (1) **This is**
(2) 彼女は泳ぐこと[水泳]が得意です。
(3) イ
❸ (1) **What**
(2) [1] **No, he isn't[he's not].**
[2] **Yes, he can.**
(3) ア ○　イ ×　ウ ○
❹ (1) ○　(2) ×　(3) ×

解き方

❷ (1) 「こちらは…です」は **This is ....** で表します。
(3) 日本語訳 を確認しましょう。

日本語訳
こちらは真里です。彼女はぼくのクラスメートです。ぼくたちはさくら中学校の生徒です。彼女の家はぼくの家の近くにあるので，ぼくたちはいっしょに歩いて学校に行きます。彼女は泳ぐことが得意です。彼女は水泳部に所属しています。そして彼女は英語をじょうずに話すことができます！

❸ (1) 直後のリアムの応答から，「あなたは何のスポーツが好きですか」とたずねていると判断できるので，「何の…」にあたる **What** を入れます。
(2) [1] 「リアムはオーストラリア出身ですか」という質問です。
[2] 「リアムはバドミントンをじょうずにすることができますか」という質問です。
(3) 日本語訳 を確認しましょう。

日本語訳
結衣：こちらはリアムです。彼はアメリカ合衆国出身です。
リアム：こんにちは。ぼくはリアム・マーティンです。はじめまして。
浩司：はじめまして，リアム。あなたはじょうずに日本語を話しますね。
リアム：ありがとう。ぼくは毎日，日本語を勉強します。
浩司：あなたは何のスポーツが好きですか。
リアム：ぼくはバドミントンが大好きです。
浩司：本当ですか。ぼくもそれが好きです。
結衣：リアムは今，市のバドミントンチームに所属しています。彼はそれをとてもじょうずにすることができます。私たちはときどき，体育館でそれをします。
浩司：それはいいですね。

❹ 読まれた英文
Hello, everyone. This is Logan. He is my classmate. He is fourteen years old. He is from America. He can play the piano very well.
読まれた英文の日本語訳
こんにちは，みなさん。こちらはローガンです。彼はぼくのクラスメートです。彼は 14 歳です。彼はアメリカ出身です。彼はピアノをとてもじょうずに弾きます。

14 学校の先生について話す 本冊 p.30

❶ (1) 親切な，やさしい　(2) 好意的な
(3) おもしろい　(4) 5　(5) 50
(6) 体育　(7) スキー
(8) スキーをする
(9) スケートをする　(10) ここで
❷ (1) **Who**

(2) 彼女はとても親切[やさしい]です。
(3) イ

❸ (1) イ (2) 体育 (3) **Yes, I can.**
(4) ア ○ イ × ウ ○

❹ (1) **good** (2) **not good**

解き方

❷ (1) 直後の明の応答から，「だれか」をたずねていると判断できるので，**Who** から始まる疑問文にします。
(3) 日本語訳 を確認しましょう。

日本語訳

リリー：ミラー先生とはだれですか，明。
明：彼女はぼくたちの新しい英語の先生です。彼女はとても親切です。
リリー：彼女はアメリカ合衆国出身ですか。
明：いいえ。彼女はイギリス出身です。彼女は日本語をとてもじょうずに話すことができます。

❸ (1) 直後で忍は具体的なスポーツ名を答えているので，「彼のお気に入りのスポーツは何ですか」とたずねていると判断できます。
(2) 2行目の忍の発言に着目します。
(3) 「あなたはスキーをすることができますか」という質問です。
(4) 日本語訳 を確認しましょう。

日本語訳

メグ：あなたは北先生を知っていますか。
忍：はい。彼は私たちの体育の先生です。彼は25歳です。
メグ：彼のお気に入りのスポーツは何ですか。
忍：クリケットです。それはイギリスで有名ですか。
メグ：はい，有名です。それは本当におもしろいです。私はクリケットが大好きです。
忍：彼はスキーも好きです。彼はじょうずにスキーをすることができます。
メグ：ああ，本当ですか。私はスキーをすることができません。彼はとても活動的ですよね。
忍：はい。

❹ **読まれた英文**

Hello, everyone. My English teacher is Ms. King. Her favorite sport is volleyball. She is good at volleyball, but she can't play basketball well.

読まれた英文の日本語訳

こんにちは，みなさん。ぼくの英語の先生はキング先生です。彼女のお気に入りのスポーツはバレーボールです。彼女はバレーボールが得意ですが，バスケットボールをじょうずにすることはできません。

15 自分の学校を紹介する 本冊 p.32

❶ (1) 授業 (2) 校庭 (3) 運動場
(4) 入口 (5) トイレ (6) 保健室
(7) 歌う (8) 歌
(9) リコーダー (10) 掃除する

❷ (1) **This is** (2) (学校の)体育館
(3) ア

❸ (1) 私たちは毎週ここで英語の授業を受けます。
(2) ア (3) **Yes, it is.**
(4) ア ○ イ ○ ウ ×

❹ ア

解き方

❷ (1) 「これは」「こちらは」と近くのものなどを紹介するときは，**this** を使います。
(2) 直前の文に着目します。
(3) 日本語訳 を確認しましょう。

日本語訳

これが私たちの学校です。それはヒノキ市にあります。私たちはたいていこの教室で授業を受けます。これは学校の体育館です。私たちはよくそこでスポーツをします。そして私たちはこの水泳プールで泳ぐことができます。これは私たちの音楽室です。私のお気に入りの授業は音楽です。私たちは音楽室で歌を歌います。

❸ (1) take English classes で「英語の授業を受ける」という意味になります。take にはい

ろいろな意味があるので注意しましょう。

(2) 直後の一平の応答から，**What** で「何」とたずねていると判断できます。

(3) **Is that ...?** に「はい」と答えるので，**Yes, it is.** となります。

(4) 日本語訳 を確認しましょう。

日本語訳

一平：ミア，これが英語教室です。ぼくたちは毎週ここで英語の授業を受けます。そしてあれが美術室です。

ミア：私は美術の授業が好きです。一平，あれは何ですか。

一平：図書室です。ぼくはそこでよく本を読みます。

ミア：なるほど。あれは音楽室ですか。

一平：はい，そうです。ぼくたちはそこでピアノを演奏することができます。

ミア：ああ，あれは学校食堂ですか。

一平：はい，そうです。私たちはそこで昼食を食べることができます。

❹ 読まれた英文

Stephanie: Yoshikazu, what is this?

Yoshikazu: It is the science room.

読まれた英文の日本語訳

ステファニー：義一，これは何ですか。

義一：それは理科室です。

16 好きな教科についてたずねる 本冊 p.34

❶ (1) 教科　(2) 数学　(3) 理科

(4) 美術　(5) (線画を)描く

(6) 家で　(7) 鉛筆　(8) 教科書

(9) 辞書　(10) ノート

❷ (1) あなたのお気に入りの教科は何ですか。

(2) **do not**　(3) イ

❸ (1) **what subject do you like**

(2) ア

(3) **Yes, I do.**

(4) ア ○　イ ○　ウ ×

❹ イ

解き方

❷ (1) **What's[What is] ...?** で「…は何ですか」という意味です。

(2) **Do you ...?** という疑問文に No で答えているので，**do not** とします。

(3) 日本語訳 を確認しましょう。

日本語訳

陸：あなたのお気に入りの教科は何ですか。

フレッド：国語です。漢字はおもしろいです！　ぼくは数学も好きです。あなたはそれが好きですか。

陸：いいえ，好きではありません。ぼくは数学が得意ではありません。ぼくは体育が好きです。ぼくはよく校庭でサッカーをします。

❸ (1) **what** から始まる疑問文を作ります。

(2) オーウェンはここでは音楽について話しているので，sing を入れると文脈に合います。

(3) 「あなたは家で絵を描きますか」という質問です。

(4) 日本語訳 を確認しましょう。

日本語訳

芽衣：オーウェン，あなたは何の教科が好きですか。

オーウェン：ぼくは美術が好きです。ぼくはよく家で絵を描きます。見てください！　ぼくはこの絵を描きました。あなたはどうですか。

芽衣：私は音楽が好きです。私は歌を歌うことが好きです。あなたは音楽の授業が好きですか。

オーウェン：ええと，ぼくはよく日本語の歌を聞きますが，音楽の授業は好きではありません。ぼくはじょうずに歌うことができません。

芽衣：なるほど。

❹ 読まれた英文

Chloe: Kento, do you like fine arts?

Kento: No, I don't.　I'm not good at painting pictures.　And I don't like P.E. I can't play sports well.

Chloe: Oh, what is your favorite subject?

Kento: It is math.

読まれた英文の日本語訳

クロエ：賢人，あなたは美術が好きですか。

賢人：いいえ，好きではありません。ぼくは絵を描くことが得意ではありません。そして体育も好きではありません。ぼくはじょうずにスポーツができません。

クロエ：ああ，あなたのお気に入りの教科は何ですか。

賢人：数学です。

17 クラブ活動について話し合う❶

本冊 p.36

❶ (1) …したい　(2) クラブ，部
(3) 活動　(4) わくわくした
(5) 緊張している　(6) 参加する
(7) バット　(8) ボール
(9) グローブ　(10) まだ

❷ (1) **can**
(2) 私はサッカー部に入りたいです。
(3) ウ

❸ (1) あなたは何部[どの部]に入りたいですか。
(2) 博の兄が野球部に所属しているから。
(3) [1] **Yes, I do.**
[2] **No, I can't[cannot].**
(4) ア ×　イ ○　ウ ○

❹ **I'm on**

解き方

❷ (1) 「…できる」は動詞の前に**can**を置いて表します。
(3) 日本語訳 を確認しましょう。

日本語訳

聡美：私たちはここでたくさんのクラブ活動を見ることができます。

エマ：私はわくわくしています。私はサッカー部に入りたいです。私はスポーツが大好きです。あなたもスポーツをしたいですか。

聡美：いいえ，したくありません。私は吹奏楽部に入りたいです。私はフルートを演奏します。

❸ (1) What club は「何部[どの部]」という意味になります。
(2) ２行目の**so**は「だから」という意味で，**これより前が理由を表します。**
(3) [1] 「あなたは日曜日に野球をしますか」という質問です。
[2] 「あなたは絵をじょうずに描くことができますか」という質問です。
(4) 日本語訳 を確認しましょう。

日本語訳

ディラン：あなたは何部に入りたいですか。

博：兄が野球部に所属しているので，ぼくはそれに入りたいです。

ディラン：なるほど。あなたのお兄さんはじょうずな野球の選手ですか。

博：はい。ぼくたちはよく日曜日に公園で野球をします。

ディラン：それはいいですね。ぼくは美術部に入りたいです。ぼくは絵を描くことが好きです。まだじょうずに絵を描くことができませんが，ぼくはそこで一生懸命練習したいです！

❹ 読まれた英文の日本語訳

小野先生：ソフィア，あなたは何部に所属しているのですか。

ソフィア：私はバスケットボール部に所属しています。

18 クラブ活動について話し合う❷

本冊 p.38

❶ (1) …に所属している　(2) 走る
(3) 速く　(4) とぶ　(5) 書道
(6) 演劇　(7) 体操　(8) ボクシング
(9) レスリング　(10) 幸せな，うれしい

❷ (1) あなたは何部[どの部]に所属していますか。
(2) 漢字　(3) ウ

❸ (1) **what club do you belong to**
(2) 軽音楽部
(3) **No, I don't[do not].**
(4) ア ○　イ ×　ウ ×

❹ ア

解き方

❷ (2) 直前の発言に着目します。

(3) 日本語訳 を確認しましょう。

日本語訳

ハリー：あなたは何部に所属していますか。

幸雄：陸上競技部に所属しています。ぼくは速く走り，そして高くとぶことができます。あなたはどうですか。

ハリー：書道部に所属しています。ぼくは漢字が大好きなので，それを一生懸命練習します。

❸ (1)「何部」かたずねたいときには，**What club** から始まる疑問文にします。

(2) 6行目の桜の発言に着目します。

(3)「あなたは週に5日練習しますか」という質問です。

(4) 日本語訳 を確認しましょう。

日本語訳

ジャスミン：私は私たちの学校のクラブ活動のことを知りません。桜，あなたは何部に所属していますか。

桜：私はダンス部に所属しています。私はおどることが好きです。私は週に4日練習します。ジャスミン，あなたは放課後に何をしますか。

ジャスミン：私は毎日，ギターを弾きます。

桜：ああ，あなたは軽音楽部に参加できますよ！

ジャスミン：本当ですか。うれしくてわくわくします！私はそれに参加したいです！

❹ 読まれた英文

Miyuki: Freddie, what is your favorite sport?

Freddie: I like basketball and baseball. I belong to the basketball team.

読まれた英文の日本語訳

美幸：フレディ，あなたのお気に入りのスポーツは何ですか。

フレディ：ぼくはバスケットボールと野球が好きです。ぼくはバスケットボール部に所属しています。

19 学校行事について説明する 本冊 p.40

❶ (1) 学校行事　(2) 運動会　(3) 遠足
(4) 修学旅行　(5) 合唱コンクール
(6) 9月　(7) 10月　(8) 11月
(9) 歴史　(10) 寺

❷ (1) 私たちは9月に球技大会があります。
(2) イ　(3) ウ

❸ (1) 私たちは10月に修学旅行があります。
(2) 合唱コンクール
(3) **Yes, I do.**
(4) ア ×　イ ○　ウ ○

❹ **What school event**

解き方

❷ (1) in September で「9月に」という意味です。

(2) 3行目に着目します。

(3) 日本語訳 を確認しましょう。

日本語訳

ぼくたちはたくさんの学校行事があります。ぼくたちは9月に球技大会があります。体育館でバスケットボール，サッカー，そしてバレーボールを楽しみます。11月には遠足があります。ぼくたちは城に行きます。ぼくは歴史が大好きなので，それはとても楽しいです。

❸ (1) in October で「10月に」という意味です。

(2) 5～6行目のやりとりに着目します。

(3)「あなたは歌うことが好きですか」という質問です。

(4) 日本語訳 を確認しましょう。

日本語訳

真由子：私たちは10月に修学旅行があります。

ノラ：修学旅行？　それは何ですか。

真由子：私たちは京都に行っていくつかの寺を見ます。そのうちの1つは金閣寺です。

ノラ：なるほど。あなたたちは11月にどんな学校行事があるのですか。

真由子：合唱コンクールがあります。私たちは毎日とても一生懸命に歌うことを練習します。
ノラ：それはすごい。私は歌うことが好きなので，それに参加したいです！

❹ 読まれた英文の日本語訳

リリー：私たちは 10 月にどんな学校行事があるのですか。
正：運動会があります。

20 時間割について説明する 本冊 p.42

❶ (1) 社会 (2) 月曜日 (3) 火曜日
(4) 水曜日 (5) 木曜日 (6) 金曜日
(7) 土曜日 (8) 日曜日 (9) 6
(10) 16

❷ (1) What (2) イ (3) イ

❸ (1) What's (2) How many
(3) I like math (very much).
(4) ア ○ イ × ウ ○

❹ イ

解き方

❷ (1) 隆二が教科を答えているので，「どんな教科がありますか」とたずねていることがわかります。
(2) 2行目の隆二の発言に着目します。
(3) 日本語訳 を確認しましょう。

日本語訳

ルナ：月曜日にはどんな教科がありますか。
隆二：ええと，ぼくたちは数学，体育，英語，理科，そして音楽があります。
ルナ：なるほど。火曜日に国語はありますか。
隆二：はい，あります。ぼくたちは火曜日と金曜日に国語があります。

❸ (1) 「何」という意味の **What** を使った疑問文にします。be 動詞 is を使いますが，1語なので短縮形 **What's** を入れます。
(2) 「6つ」と授業の数を答えているので，「いくつの…」と数をたずねる **How many** を入れればよいと判断できます。
(3) 「あなたは何の教科が好きですか」という質問です。
(4) 日本語訳 を確認しましょう。

日本語訳

エドワード：あなたのお気に入りの教科は何ですか。
晃一：社会です。ぼくたちは火曜日と木曜日にそれがあります。ぼくはそれを一生懸命勉強します。
エドワード：なるほど。ぼくは数学が大好きです。ええと，火曜日には何の授業がありますか。
晃一：社会，数学，理科，国語，そして美術があります。5つの授業があります。
エドワード：水曜日にはいくつの教科がありますか。
晃一：6つの授業があります。体育，音楽，国語，数学，理科，そして英語があります。

❹ 読まれた英文

Nicolas: Mitsuko, what classes do we have on Fridays?
Mitsuko: We have science, music, Japanese, English and math.

読まれた英文の日本語訳

ニコラス：美津子，金曜日には何の授業がありますか。
美津子：私たちは理科，音楽，国語，英語，そして数学があります。

21 まとめのテスト❶ 本冊 p.44

❶ (1) 数学 (2) 有名な
(3) おいしい (4) 12 (5) 駅
(6) come (7) November
(8) Wednesday (9) popular
(10) excited

❷ (1) Are you (2) I can't[cannot]
(3) who is that woman (4) イ

❸ (1) what is your favorite subject
(2) 私は美術部に入りたいです。
(3) [1] I like fine arts.
[2] Yes, I do.
(4) ア × イ ○ ウ ○

❹ ウ

解き方

❷ (1) No, I'm not. と答えているので，**be動詞から始まる疑問文**を作ります。I と答えているので疑問文の主語は you となります。

(2) No と答えているので，主語を I にして I can't[cannot] を入れます。

(3) **who から始まる疑問文**にします。

(4) 日本語訳 を確認しましょう。

日本語訳

エミー：こんにちは！　私はエマ・ウィルソンです。私をエミーと呼んでください。
凛：私は凛です。はじめまして。あなたはオーストラリア出身ですか。
エミー：いいえ，違います。私はアメリカ出身です。
凛：私はテニスが好きです。あなたはテニスをじょうずにできますか。
エミー：いいえ，できません。私は音楽が好きです。私はピアノを弾くことができます。
凛：いいですね！　私は吹奏楽部に所属しています。私は一生懸命練習します。
エミー：なるほど。凛，あの女性はだれですか。
凛：彼女は伊藤先生です。彼女は私たちの先生です。彼女はとてもやさしいです！

❸ (1) what があるのでこれで文を始め，次に is を置いて，your favorite subject「あなたのお気に入りの教科」の順に並べます。

(3) [1]「あなたは何の教科が好きですか」という質問です。
[2]「あなたは絵を描くことが好きですか」という質問です。

(4) 日本語訳 を確認しましょう。

日本語訳

悟：ぼくたちはたいていこの教室で授業を受けます。
ロバート：悟，あなたのお気に入りの教科は何ですか。
悟：ぼくは体育が好きです。あれが体育館です。そこで体育の授業を受けます。10月には，校庭で運動会をします。
ロバート：なるほど。美波，あれは何ですか。
美波：それは美術室です。私は美術部に所属しています。
ロバート：本当ですか。ぼくは美術部に入りたいです。ぼくは美術が好きです。あなたはどうですか。
美波：私もです。私は絵を描くことが大好きです。

❹ **読まれた英文**

Hidehiko: Ms. Carter, do you like bread?
Ms. Carter: Yes, I do. I usually have bread for breakfast. How about you?
Hidehiko: I have bread for breakfast, too. I usually have rice for dinner.
Ms. Carter: I see.

読まれた英文の日本語訳

英彦：カーター先生，あなたはパンが好きですか。
カーター先生：はい，好きです。私はたいてい朝食にパンを食べます。あなたはどうですか。
英彦：ぼくも朝食にパンを食べます。夕食にはたいていご飯を食べます。
カーター先生：なるほど。

22 好きなものをたずねる

本冊 p.46

❶ (1) 動物園　(2) 場所　(3) ウサギ
(4) ヒツジ　(5) 鳥　(6) かっこいい
(7) かわいい　(8) 空腹の
(9) のどのかわいた　(10) 家族

❷ (1) あなたはどんな[何の]動物が好きですか。
(2) **They're**　(3) ウ

❸ (1) 焼きそば　(2) **What**
(3) **I like pizza (very much).**
(4) レストラン
(5) ア ○　イ ○　ウ ×

❹ ア

解き方

❷ (1) What animal で「どんな[何の]動物」という意味です。

(3) 日本語訳 を確認しましょう。

日本語訳

タイラー：見て，芽衣。ライオンですよ！　ぼくはそれらが大好きです。ライオンはかっこいいですね。あなたはどんな動物が好きですか。
芽衣：私はウサギが好きです。それらはかわいいです！私たちはそれらを入口の近くで見ることができます。
タイラー：わかりました，それらを見に行きましょう。

❸ (1) これより前で，焼きそばについての話題が続いています。
(2) 直後の徹の応答から，「あなたのお気に入りの食べ物は<u>何</u>ですか」とたずねていると考えられます。
(3) 「あなたはどんな食べ物が好きですか」という質問です。
(4) 6～8行目のやりとりに着目します。
(5) 日本語訳 を確認しましょう。

日本語訳

徹：ぼくはとてもおなかがすいています。あなたはどんな食べ物が好きですか。
カレン：私は焼きそばが好きです。それらは日本で人気がありますよね。
徹：はい。あなたはそれらを作ることができますか。
カレン：いいえ。私の母がよくそれらを夕食に作ってくれます。それらはおいしいです。あなたのお気に入りの食べ物は何ですか，徹。
徹：ぼくはピザが大好きです。ぼくは家族とレストランでそれを食べます。そのレストランは駅の近くにあります。
カレン：それを知っています。私はときどきそこへ行き，スパゲッティを食べます。

❹ **読まれた英文**

Yayoi: James, what food do you like?
James: I like omelets. How about you?
Yayoi: I can't eat eggs. Pizza is my favorite.

読まれた英文の日本語訳

弥生：ジェームズ，あなたはどんな食べ物が好きですか。
ジェームズ：ぼくはオムレツが好きです。あなたはどうですか。
弥生：私は卵を食べることができません。ピザが私のお気に入りです。

23 好きなことについて話す

本冊 p.48

❶ (1) 登る　(2) 山　(3) 木　(4) 湖
(5) 秋　(6) キャンプに行く
(7) キャンプ場　(8) 釣りに行く
(9) 朝，午前中　(10) 夕方，晩

❷ (1) 私は山に登るのが好きです。
(2) **exciting**　(3) イ

❸ (1) 魚　(2) とても暗い
(3) ［1］ **Yes, I do.**
［2］ **I go fishing.**
(4) イ

❹ (1) ア　(2) イ

解き方

❷ (1) **like ...ing** で「…するのが好きだ」という意味です。
(3) 日本語訳 を確認しましょう。

日本語訳

こんにちは，みなさん。ぼくは山に登るのが好きです。秋に，よく家族とコノハ山を訪れます。その山はとても人気があり，たくさんの人たちがそれに登ります。ぼくたちはそこで紅葉を見ることができます。ぼくはよく途中で美しい木々の写真を撮ります。登山はぼくにとってとてもわくわくします。

❸ (1) 直前の文に着目します。**fish** は複数形も **fish** です。
(2) 4行目に「湖のあたりはとても暗いです」とあり，これが星がたくさん見える理由だと判断できます。
(3) ［1］「あなたはキャンプすることが好きですか」という質問です。
［2］「あなたは湖でいつも何をしますか」という質問です。
(4) 日本語訳 を確認しましょう。

日本語訳

こんにちは，みなさん。私はキャンプすることが好きです。私はよく秋に家族とキャンプに行きます。私たちは湖の近くのキャンプ場へ行きます。私は釣りをすることが好きなので，いつも湖に釣りに行きます。私たちは晩には魚を食べることができます。それらはとてもおいしいです！

夜は，湖のあたりはとても暗いです。私たちは空にたくさんの星を見ることができます。それらはダイヤモンドのように見えます。それらは美しいです。私はそれらを見るのが好きです。キャンプすることは私にはとても楽しいです。

❹ 読まれた英文

Emma: Hello. I'm Emma. I like singing. I belong to the chorus club.

Joe: Hello. I'm Joe. I like playing soccer. I practice hard every day.

読まれた英文の日本語訳

エマ：こんにちは。私はエマです。私は歌うことが好きです。私は合唱部に所属しています。

ジョー：こんにちは。ぼくはジョーです。ぼくはサッカーをするのが好きです。ぼくは毎日一生懸命に練習します。

24 好きなことでつながる　本冊 p.50

❶ (1) 小説　(2) 種類　(3) クマ
(4) ウマ　(5) トラ　(6) 文房具
(7) クレヨン　(8) 定規
(9) スティックのり　(10) ホッチキス

❷ (1) **What**
(2) 私は小説を読むのが好きです。
(3) ア

❸ (1) 美術館で絵[写真]を見る
(2) [1] **Yes, I am.**
[2] **Yes, I do.**
(3) ア

❹ イヌと遊ぶ

解き方

❷ (1) それぞれの質問に，ひまなときにすることと好きな小説の種類について具体的に答えています。

(3) 日本語訳 を確認しましょう。

日本語訳

梨恵：あなたはひまなとき何をしますか。

マイルズ：ぼくは本を読みます。ぼくは小説を読むのが好きです。

梨恵：私もです！　私は歴史小説が好きです。あなたはどんな種類の小説が好きですか。

マイルズ：ぼくはミステリー小説が大好きです。ぼくはたくさんのミステリー小説を持っています。

❸ (1) 4行目の琴音の発言に着目します。

(2) [1] 「あなたはクマを描くのが得意ですか」という質問です。

[2] 「あなたは鉛筆とクレヨンを使いますか」という質問です。

(3) 日本語訳 を確認しましょう。

日本語訳

琴音：あなたは美術部に入っていますか。

オリビア：はい。私は絵を描くことが好きです。私はクマとイヌの絵を描くのが得意です。私はそれらを鉛筆とクレヨンで描きます。

琴音：本当ですか。私は美術館で絵を見るのが好きですが，絵を描くのは得意ではありません。

オリビア：そんなこと言わないでください。あなたも絵を描けますよ。

琴音：あなたは家に自分の絵がありますか。

オリビア：はい。あなたはそれらを見に来ることができます。

❹ 読まれた英文

Elizabeth: I like skiing. Koji, do you like skiing?

Koji: No, I don't. I can't ski well. I like playing with my dog. How about you?

Elizabeth: Me, too. I like dogs very much.

読まれた英文の日本語訳

エリザベス：私はスキーが好きです。浩司，あなたはスキーが好きですか。

浩司：いいえ，好きではありません。ぼくはじょうずにスキーをすることができません。ぼくはイヌと遊ぶことが好きです。あなたはどうですか。

エリザベス：私もです。私はイヌが大好きです。

25 誕生日をたずねる・答える 本冊 p.52

❶ (1) いつ　(2) 1月　(3) 3月
(4) 7月　(5) 8月
(6) 1日，1番目の
(7) 12日，12番目の
(8) 誕生日
(9) 明日　(10) 今日

❷ (1) **When**
(2) あなたはわくわくしていますか。
(3) イ

❸ (1) 7，5
(2) [1] **I get a bag (from her) (for my birthday).**
[2] **I[We] eat cake.**
(3) ア

❹ イ

解き方

❷ (1) ジムは誕生日の日付を答えています。「いつ」とたずねるときは，**when** を使います。
(2) Are you ...? なので疑問文です。
(3) 日本語訳 を確認しましょう。

日本語訳

健吾：あなたの誕生日はいつですか。
ジム：3月20日です。
健吾：わあ！　明日ですね。あなたはわくわくしていますか。
ジム：はい。ぼくにとってそれはいつも特別な日です。

❸ (1) 1～2行目のやりとりに着目します。
(2) [1] 「あなたは誕生日にお母さんから何をもらいますか」という質問です。
[2] 「あなた(たち)は誕生日パーティーで何を食べますか」という質問です。
(3) 日本語訳 を確認しましょう。

日本語訳

美穂：こんにちは，ウェンディー。あなたの誕生日はいつですか。
ウェンディー：7月5日です。
美穂：なるほど。あなたは誕生日に何をしますか。
ウェンディー：私はふつう家族や友だちとパーティーを開きます。そのパーティーでは私たちはケーキを食べたりゲームをしたりします。
美穂：あなたは誕生日にプレゼントをもらいますか。
ウェンディー：はい。私の母は毎年，私にかばんをくれます。
美穂：すばらしいですね！　私もあなたのパーティーに参加したいです。

❹ 読まれた英文

Noriko: Kevin, when is your birthday?
Kevin: My birthday is October 11.

読まれた英文の日本語訳

紀子：ケビン，あなたの誕生日はいつですか。
ケビン：ぼくの誕生日は10月11日です。

26 スポーツの話題 本冊 p.54

❶ (1) オリンピックの　(2) 試合
(3) スタジアム，競技場
(4) テニス　(5) 運動競技，陸上競技
(6) アーチェリー　(7) ジョギング
(8) カヌー　(9) 投げる
(10) テレビで

❷ (1) あなたは何の[どんな]スポーツをしますか。
(2) **practice**　(3) ウ

❸ (1) **Jack**
(2) テニス
(3) [1] **Yes, he does.**
[2] **I play it on Sundays.**
(4) ア ○　イ ○　ウ ×

❹ ア

解き方

❷ (1) what sport は「何の[どんな]スポーツ」という意味を表します。
(3) 日本語訳 を確認しましょう。

日本語訳

翔太：あなたは何のスポーツをしますか。

ベラ：私はテニスをします。私は今，テニス部に所属しています。私は毎日練習します。

翔太：わあ！　あなたはテニスを見るのは好きですか。

ベラ：はい，好きです。私はよくテレビでテニスを見ます。

❸ (1)　前後の文で，ルークの兄[弟]のジャックが話題に上っています。

(2)　5行目の奈央の発言に着目します。

(3)　[1]「あなたのお兄さん[弟さん]はバスケットボールをしますか」という質問です。
[2]「あなたはいつバスケットボールをしますか」という質問です。

(4)　日本語訳 を確認しましょう。

日本語訳

奈央：あなたはテレビでオリンピックを見ますか。

ルーク：はい。ぼくはスポーツが大好きです。

奈央：なるほど。あなたはどんなスポーツをしますか。

ルーク：ぼくはバスケットボールをします。それはとても楽しいです。あなたはどうですか。

奈央：私はテニスをします。あなたにはお兄さんがいますよね。あなたは彼とバスケットボールをしますか。

ルーク：はい。ぼくは兄のジャックと日曜日にそれをします。そしてぼくたちはときどきオンラインでバスケットボールの試合を見ます。

❹ 読まれた英文

Julia: Kazuhiro, can you ski well?
Kazuhiro: Yes, I can.
Julia: Can you skate well, too?
Kazuhiro: No, I can't. How about you?
Julia: I'm good at skating.

読まれた英文の日本語訳

ジュリア：一博，あなたはじょうずにスキーをすることができますか。

一博：はい，できます。

ジュリア：あなたはじょうずにスケートをすることもできますか。

一博：いいえ，できません。あなたはどうですか。

ジュリア：私はスケートをすることが得意です。

27 映画の話題　本冊 p.56

❶ (1)　映画　(2)　…について　(3)　星
(4)　生活，暮らし　(5)　…を見て笑う
(6)　俳優　(7)　花屋，生花店
(8)　宇宙飛行士　(9)　獣医
(10)　どこに[で]

❷ (1)　**kind(s)**
(2)　私たちはコメディーを見て笑うことができます。
(3)　ウ

❸ (1)　図書館，映画館
(2)　**She likes animal movies.**
(3)　ウ

❹ **by the station**

解き方

❷ (1)　**what kind(s) of ...** で「どんな[何の]種類の…」という意味になります。

(3)　日本語訳 を確認しましょう。

日本語訳

莉子：私は映画が好きです。あなたはどうですか。

ヘンリー：ぼくもです。あなたはどんな種類の映画を見ますか。

莉子：私はコメディー映画を見ます。私たちはコメディーを見て笑うことができます。

ヘンリー：ぼくは冒険映画が大好きです。放課後に映画を見ましょう。

❸ (1)　3～4行目のやりとりに着目します。

(2)「里奈はどんな種類の映画が好きですか」という質問です。

(3)　日本語訳 を確認しましょう。

日本語訳

アレックス：あなたはよく映画を見ますか。

里奈：はい。私はそれらを映画館で見ます。

アレックス：映画館ですか。それはどこにありますか。

里奈：図書館のそばにあります。私はよく小春とそこへ行きます。
アレックス：小春ですか。彼女も映画が好きですか。
里奈：はい，好きです。私たちは動物の映画が大好きです。彼女はときどき私の家に来て，私たちはいっしょに映画を見ます。
アレックス：いいですね。ぼくはふつう家でオンラインで映画を見ます。ぼくは映画館へは行きません。

❹ 読まれた英文の日本語訳
パトリック：未来，本屋はどこにありますか。
未来：それは駅のそばにあります。

28 好きな食べ物・苦手な食べ物 本冊 p.58

❶ (1) 辛い (2) 酸っぱい (3) 果物
(4) バナナ (5) モモ (6) スイカ
(7) 野菜 (8) ジャガイモ
(9) タマネギ (10) …すぎる
❷ (1) 私はカレーが好きです。
(2) **too spicy** (3) ウ
❸ (1) **for** (2) ジャガイモ
(3) ［1］ **No, I don't[do not].**
［2］ **Yes, I do.**
(4) ア ○ イ ○ ウ ×
❹ ア

解き方

❷ (2) 「…すぎる」を表す **too** は，形容詞 **spicy** の前に置いて使います。
(3) 日本語訳 を確認しましょう。

日本語訳
愛子：スミタ，あなたはどんな種類の食べ物が好きですか。
スミタ：私はカレーが好きです。私はそれをよく食べます。あなたはどうですか。
愛子：私はカレーを食べることができません。それは辛すぎます。私は魚が好きです。
スミタ：私も魚が好きです。だけど，私はさしみを食べることができません。

❸ (1) 「朝食に」は for を使います。
(2) 3行目の亮一の発言に着目します。
(3) ［1］「あなたは野菜が好きですか」という質問です。
［2］「あなたは日本食が好きですか」という質問です。
(4) 日本語訳 を確認しましょう。

日本語訳
亮一：あなたは朝食に何を食べますか。
パーカー：ぼくはサラダを食べます。ぼくはそれを毎朝食べます。
亮一：ああ，ぼくは野菜が好きではありません。ぼくはジャガイモだけ食べることができます。
パーカー：ああ，本当ですか。あなたは朝食に何を食べますか。
亮一：ぼくはご飯に納豆，みそ汁を食べます。ぼくは日本食が好きです。あなたはどうですか。
パーカー：ぼくもです。日本食は健康的です。
亮一：その通りです。グレイ先生もそれが好きです。彼女はよく豆腐を食べます。

❹ 読まれた英文
Ms. Willis: Satoru, what food do you like?
Satoru: I like *takoyaki*.
Ms. Willis: Nice. I love Japanese food. I often eat fried noodles and grilled fish.
Satoru: I like fried noodles, but I don't like grilled fish.
読まれた英文の日本語訳
ウィリス先生：悟，あなたはどんな食べ物が好きですか。
悟：ぼくはたこ焼きが好きです。
ウィリス先生：いいですね。私は日本食が大好きです。私はよく焼きそばと焼き魚を食べます。
悟：ぼくは焼きそばは好きですが，焼き魚は好きではありません。

29 将来の夢をたずねる 本冊 p.60

❶ (1) 夢 (2) 動物園の飼育係
(3) 歌手 (4) お笑い芸人 (5) 医者
(6) 消防士 (7) 合唱

(8) 助ける，…の役に立つ

(9) 演じる，演奏する　(10) いつか

❷ (1) あなたは将来，何になりたいですか。

(2) 動物園　(3) イ

❸ (1) **dream**　(2) ウ

(3) **[1] I want to perform in a big hall.**

[2] No, I can't[cannot].

(4) ウ

❹ (1) 先生[教師]　(2) 消防士

解き方

❷ (2) 2～3行目のエミリーの発言に着目します。

(3) 日本語訳 を確認しましょう。

日本語訳

健太：あなたは将来，何になりたいですか。

エミリー：私は動物園の飼育係になりたいです。私は動物が好きです。私は毎月，動物園に行きます。あなたはどうですか。

健太：ぼくも動物が好きです。ぼくはイヌを2ひき，ネコを1ぴき飼っています。ぼくは将来，獣医になりたいです。

❸ (2) 5行目の信男の発言に着目します。

(3) [1]「あなたはどこで芸をしたいですか」という質問です。

[2]「あなたは今，英語をじょうずに話すことができますか」という質問です。

(4) 日本語訳 を確認しましょう。

日本語訳

ショーン先生：こんにちは，みなさん。あなたたちの夢は何ですか。あなたたちは将来，何になりたいですか。

桜：私は歌手になりたいです。私は合唱部に入っていて週に5日一生懸命練習しています。私は歌うのが好きです。

信男：ぼくはお笑い芸人になりたいです。ぼくはいつか大きいホールで芸をしたいです。

恵里佳：私は医者になりたいです。私は世界中の人たちを助けたいです。私はまだ英語をじょうずに話すことができないので，一生懸命に英語を勉強する必要があります。

❹ 読まれた英文

Allan: Yoshino, what do you want to be in the future?

Yoshino: I want to be a teacher.　How about you?

Allan: I want to be a firefighter.

読まれた英文の日本語訳

アラン：佳乃，あなたは将来，何になりたいですか。

佳乃：私は先生になりたいです。あなたはどうですか。

アラン：ぼくは消防士になりたいです。

30 カフェに行く

本冊 p.62

❶ (1) カフェ　(2) ジュース

(3) デザート　(4) パイ　(5) ブドウ

(6) オレンジ　(7) 甘い　(8) 皿

(9) 飲み物　(10) …がほしい

❷ (1) **cafe**　(2) 飲めない　(3) イ

❸ (1) イ

(2) **[1] Yes, they are.**

[2] Yes, it does.

(3) ウ

❹ (1) ウ　(2) ア

解き方

❷ (1) 直前のアンディの発言に着目します。

(2) 2行目の千絵の発言に着目します。

(3) 日本語訳 を確認しましょう。

日本語訳

アンディ：ぼくはよくあのカフェに行きます。そこへ行きましょう。

千絵：ええと，私はコーヒーを飲むことができません。それは私には苦すぎます。

アンディ：心配しないで。あなたは紅茶かジュースを飲むことができます。そのカフェは有名ではありませんが，そこの飲み物はすべておいしいです。

千絵：本当ですか。それなら，試してみたいです。

❸ (1)　5～6行目のアンディの発言に着目します。

(2)　[1]「そのカフェのケーキはおいしいですか」という質問です。

[2]「そのカフェにマカロンはありますか」という質問です。

(3)　日本語訳 を確認しましょう。

日本語訳

千絵：わあ！　ケーキがあるんですね。

アンディ：はい。それらはおいしいです。ここではアップルパイやマカロン，フルーツパフェも食べることができます。

千絵：いいですね！　私は甘いものが大好きです。私はパフェがほしいです。あなたはどうですか。

アンディ：ぼくもです。このパフェにはたくさんの果物が入っています。ブドウ，オレンジ，モモが入っています。

千絵：わかりました。私はフルーツパフェと紅茶にします。

アンディ：ぼくはフルーツパフェとコーヒーにします。

❹ **読まれた英文**

Takeru: We can drink coffee, tea and juice at this cafe.　Sherry, what do you want to drink?

Sherry: I want to drink coffee.　How about you?

Takeru: I don't like coffee.　I want to drink juice.

読まれた英文の日本語訳

猛：ぼくたちはこのカフェでコーヒー，紅茶，そしてジュースを飲むことができます。シェリー，あなたは何が飲みたいですか。

シェリー：私はコーヒーが飲みたいです。あなたはどうですか。

猛：ぼくはコーヒーが好きではありません。ぼくはジュースが飲みたいです。

31 人気スイーツ店に並ぶ

本冊 p.64

❶ (1)　パンケーキ　(2)　レモン

(3)　イチゴ　(4)　リンゴ

(5)　チョコレート　(6)　こみ合った

(7)　待つ　(8)　開店する

(9)　休業して　(10)　疲れた

❷ (1)　このカフェはいつもこみ合っています。

(2)　フルーツ[イチゴ](の)タルト

(3)　ア

❸ (1)　この店は何時に開店しますか。

(2)　木曜日

(3)　**[1]　Yes, I do.**

[2]　No, I[we] can't[cannot].

(4)　ア　○　イ　×　ウ　×

❹ **Mondays, Thursdays**

解き方

❷ (2)　3行目の裕太の発言に着目します。

(3)　日本語訳 を確認しましょう。

日本語訳

裕太：わあ！　このカフェはいつもこみ合っています。

サラ：はい。私は長い間待つのが好きではありません。

裕太：そこのフルーツタルトはおいしいです。イチゴのものがあります。

サラ：いいですね。私はそれを食べてみたいです。私はイチゴが大好きです。

❸ (1)　**what time** は「何時」と時刻をたずねる表現です。

(2)　3行目のジョンの発言に着目します。

(3)　[1]「あなたはバナナが好きですか」という質問です。

[2]「あなた(たち)は明日，この店でパンケーキを食べることができますか」という質問です。

(4)　日本語訳 を確認しましょう。

日本語訳

ジョン：この店は何時に開店しますか。

真帆：11時です。私は待ちくたびれています！

ジョン：明日は金曜日です。このお店は金曜日は休業しています。ぼくは今日パンケーキを食べたいです。

真帆：私もです。私はチョコレートのパンケーキが食べたいです。それはこの店で人気があります。
ジョン：ぼくはバナナのパンケーキが食べたいです。ぼくはバナナが大好きです。

❹ **読まれた英文**

Michael: Natsumi, the cake shop is very crowded. I don't want to wait. Can we come here tomorrow?

Natsumi: No, we can't. Tomorrow is Monday. It is closed on Mondays and Thursdays.

読まれた英文の日本語訳

マイケル：夏美，ケーキ屋はとてもこみ合っています。ぼくは待ちたくありません。ぼくたちは明日ここに来ることができますか。

夏美：いいえ，できません。明日は月曜日です。ここは月曜日と木曜日は休業しています。

32 新しい洋服・くつを買う

本冊 p.66

❶ (1) 衣服　(2) Tシャツ
(3) セーター　(4) くつ　(5) 色
(6) 赤(い)　(7) 青(い)
(8) 1つ，1人，もの
(9) 1,000　(10) 得る，手に入れる

❷ (1) 私はときどき日曜日に買い物に行きます。
(2) **color**　(3) ア

❸ (1) **my favorite color**
(2) **shoes**
(3) **[1] I want (blue) running shoes.**
[2] I want to buy a sweater.
(4) イ

❹ (1) イ　(2) ア

解き方

❷ (1) sometimes は「ときどき」という意味です。
(3) 日本語訳 を確認しましょう。

日本語訳

私はときどき日曜日に買い物に行きます。私はたいてい家の近くの服屋に自転車で行きます。その店にはかわいい服がたくさんあります。私はよくそこでTシャツを買います。私は新しい服が好きです。私のお気に入りの色は赤です。私の兄は白が好きなので，私はときどき彼のために白いTシャツを買います。

❸ (2) **one**「もの」は前に出た名詞の代わりに用いられます。ここでは複数形 **ones** となっているので，複数形 **shoes** の代わりに使われているとわかります。
(3) [1]「あなたはどんなくつがほしいですか」という質問です。
[2]「あなたは何を買いたいですか」という質問です。
(4) 日本語訳 を確認しましょう。

日本語訳

ニック：ぼくは新しいくつがほしいです。それらはどこで買うことができますか。

麗：駅の近くのくつ屋です。……着きました[ここですよ]！

ニック：ありがとう。ぼくは青いランニングシューズがほしいです。青はぼくのお気に入りの色です。

麗：なるほど。これらの青いのはどうですか。

ニック：うーん，10,000円ですね！　ぼくはそれらを買うことができません。

麗：わかりました。では，これらはどうですか。

ニック：5,000円ですか？　いいですね！　あなたも新しいくつを買いたいですか。

麗：いいえ。私はセーターを買いたいです。

❹ **読まれた英文**

Takuya: Mary, what clothes do you want?

Mary: I want this red T-shirt. It's cute! Takuya, how about these red shoes?

Takuya: Um, red isn't my favorite color. I want blue shoes.

読まれた英文の日本語訳

拓也：メアリー，あなたはどんな服がほしいですか。

メアリー：私はこの赤いTシャツがほしいです。それはかわ

いいです！　拓也，これらの赤いくつはどうですか。
拓也：うーん，赤はぼくのお気に入りの色ではありません。ぼくは青いくつがほしいです。

33 ファストフード店での注文　本冊 p.68

❶ (1) フライドチキン
(2) ハンバーガー　(3) フライドポテト
(4) スープ　(5) サイダー
(6) どうぞ，お願いします　(7) 店員
(8) 注文する　(9) ドル
(10) …したい

❷ (1) **What**　(2) **I'd**　(3) ウ

❸ (1) **drink**
(2) それで全部です。
(3) **No, I don't[do not].**
(4) イ，ウ

❹ ア，エ

解き方

❷ (1) それぞれの文のあとで注文したいものを答えています。「何がほしいか[何を…したいか]」をたずねる文を作ります。
(3) 日本語訳 を確認しましょう。

日本語訳

店員：ご注文は何でしょうか。
彰：スープとサラダ，そしてフライドチキンをお願いします。
店員：飲み物はいかがですか。
彰：サイダーをお願いします。

❸ (1) あとの会話で，注文する飲み物について答えているので，店員は「飲みたいものは何か」をたずねていることがわかります。
(2) 注文したいものはそれで全部であることを店員に伝える表現です。
(3) 「あなたは紅茶がほしいですか」という質問です。
(4) 日本語訳 を確認しましょう。

日本語訳

店員：私たちの店にようこそ。ご注文は何になさいますか。
彰：ハンバーガー１つとフライドポテトをお願いします。
店員：かしこまりました。飲み物は何になさいますか。
彰：オレンジジュースをお願いします。それで全部です。
店員：わかりました。店内でお召し上がりですか，それともお持ち帰りですか。
彰：店内です。
店員：かしこまりました。７ドルになります。
彰：はい，どうぞ。

❹ **読まれた英文**

Clerk: What would you like?
Koyuki: I'd like one hamburger, soup and French fries.
Clerk: What would you like to drink? We have coffee, soda pop and orange juice.
Koyuki: Coffee, please.

読まれた英文の日本語訳

店員：ご注文は何でしょうか。
小雪：ハンバーガー１つとスープ，そしてフライドポテトをお願いします。
店員：飲み物はいかがですか。コーヒーとサイダー，そしてオレンジジュースがあります。
小雪：コーヒーをお願いします。

34 スーパーで買い物をする　本冊 p.70

❶ (1) ニンジン　(2) ブロッコリー
(3) トマト　(4) レタス
(5) キュウリ　(6) 100
(7) 必要とする
(8) 持ってくる，連れてくる
(9) 持っていく，連れていく
(10) ビニール袋，レジ袋

❷ (1) それらを私に持ってきてくれますか。
(2) **How much**　(3) ウ

❸ (1) 卵　(2) ３番通路　(3) 255
(4) ア

❹ ア，イ

解き方

❷ (1) **Can you …?** には「あなたは…することができますか」のほかに，**「…してくれますか」**と依頼する意味があります。

(2) 直後に値段を答えていることから，**「…はいくらですか」**という文にします。**How much is[are] …?** で表します。

(3) 日本語訳 を確認しましょう。

日本語訳

加奈：夕食にカレーを作りたいです。私たちはニンジン，タマネギ，ジャガイモが必要です。それらを私に持ってきてくれますか。

マックス：わかりました。……はい，どうぞ。それらはいくらですか。

加奈：およそ700円です。あっ，肉とカレールーも必要です。

❸ (1) 直前のダニエルの発言に着目します。

(2) 直前の店員の発言に着目します。Can I …? は「(私が)…しましょうか」と申し出るときの表現です。

(3) 7行目で「250円になります」と言っていますが，そのあとの会話でダニエルは5円のレジ袋を1枚買おうとしていることがわかります。

(4) 日本語訳 を確認しましょう。

日本語訳

ダニエル：すみません。卵をいくつか買いたいのですが。それらはどこにありますか。

店員：それらは3番通路にあります。そこまでお連れしましょうか。

ダニエル：はい，お願いします。

店員：ついて来てください。……はい，ここです。

ダニエル：ありがとうございます。

(レジにて)

店員：250円になります。

ダニエル：無料のレジ袋はありますか。

店員：いいえ，ありません。1枚のレジ袋は5円です。

ダニエル：わかりました。レジ袋を1枚お願いします。

❹ **読まれた英文**

Host mother: Takashi, can you go to the supermarket and buy some vegetables?

Takashi: Sure. What do you need?

Host mother: I need a lettuce and some broccoli. I want to make a salad for dinner.

Takashi: OK. How about tomatoes?

Host mother: I have tomatoes and cucumbers, so I don't need them.

読まれた英文の日本語訳

ホストマザー：隆志，スーパーに行っていくつかの野菜を買ってきてくれませんか。

隆志：もちろん。何が必要ですか。

ホストマザー：レタスとブロッコリーが必要です。私は夕食にサラダを作りたいんです。

隆志：わかりました。トマトはどうですか？

ホストマザー：トマトとキュウリはあるので，それらは必要ないですよ。

35 オンラインで買い物をする 本冊 p.72

❶ (1) オンラインで[の]
(2) 住所，アドレス (3) Eメール
(4) クレジットカード (5) …まで
(6) 払う (7) 受け取る (8) 送る
(9) 配達する (10) 現金で

❷ (1) **buy this book online**
(2) 名前と住所 (3) ウ

❸ (1) ① 白 ② 黒
(2) この前の金曜日 (3) イ (4) ウ

❹ (1) くつ (2) 緑

解き方

❷ (1) 直前のハリーの発言に着目します。

(2) 2行目の文哉の発言に着目します。

(3) 日本語訳 を確認しましょう。

日本語訳

ハリー：ぼくはこの本をオンラインで買いたいです。どうしたらそれをできますか。

文哉：ここにぼくの名前を，そしてここにぼくの住所を入力してください。
ハリー：わかりました……ああ，でもぼくはクレジットカードを持っていません。
文哉：あなたはコンビニで現金で払うことができますよ。

❸ (1) ① exchange it「それを交換する」とあります。交換するものは瑛子が受け取った商品なので，白いTシャツだとわかります。
② 「10月20日までそれを配達できません」とあります。在庫切れになっている黒いTシャツのことだとわかります。

(2) 1行目の瑛子の発言に着目します。

(3) 「あなたは配送料を(　　)必要はありません」という意味の文です。瑛子が商品を送り返すための配送料のことなので，pay「払う」を入れます。

(4) 日本語訳 を確認しましょう。

日本語訳

瑛子：こんにちは。私はこの前の金曜日に，あなたのオンラインショップで黒いTシャツを注文しました。今日，Tシャツを受け取りましたが，それは白でした。それを黒いTシャツと交換したいです。
スタッフ：申し訳ありませんが，この黒いTシャツは現在在庫切れです。10月20日までそれを配達できません。または，白いTシャツを送り返して，返金を受けることができます。
瑛子：わかりました。私は返金を受けたいです。
スタッフ：でしたら，それを送り返してください。配送料をお支払いいただく必要はございません。

❹ 読まれた英文

Rena: Oliver, look at this online shop. I want to buy these shoes.
Oliver: Wow, they're cute. This green color is nice. I like the color very much.

読まれた英文の日本語訳

玲奈：オリバー，このオンラインショップを見てください。私はこのくつを買いたいです。
オリバー：わあ，かわいいですね。この緑色がすてきです。ぼくはその色が大好きなんです。

36 道をたずねる・道案内をする 本冊 p.74

❶ (1) ～で…に曲がる (2) 右(に)
(3) 左(に) (4) まっすぐ (5) 角
(6) 郵便局 (7) 病院 (8) 警察署
(9) 2番目の (10) 見つける

❷ (1) **Where** (2) ウ (3) ウ

❸ (1) 日本のみやげ (2) デパート
(3) ③ **right** ④ **second**
(4) ア

❹ **Turn left, on your**

解き方

❷ (1) 直後に圭が道案内をしているので，美術館の場所をたずねているとわかります。「どこに」を表す **Where** を入れます。

(3) 日本語訳 を確認しましょう。

日本語訳

男性：すみません。美術館はどこですか。
圭：この通りをまっすぐ行って，3番目の角を左に曲がってください。左側に見えます。それはとても大きいので，あなたはそれを簡単に見つけられます。
男性：ありがとうございます。

❸ (1) 直前のカーラの発言に着目します。

(2) 直前の女性の発言に着目します。

(3) 地図から，郵便局で右に曲がり，2番目の角で左に曲がると，右側にデパートがあります。

(4) **You're welcome.**「どういたしまして」と答えているので，**Thank you.**「ありがとう」が適しています。

日本語訳

カーラ：すみません。日本のみやげを買いたいのですが。
女性：デパートでそれを買うことができますよ。
カーラ：それはどこですか。
女性：この通りに沿って行って，郵便局で右に曲がってください。それから，まっすぐ行って2番目の角で左に曲がってください。右側に見えますよ。
カーラ：わかりました。ありがとうございます。

女性：どういたしまして。

❹ 読まれた英文の日本語訳

リンダ：博物館はどこですか。

渉：あの角を左に曲がってください。右側にありますよ。

37 駅で時間や目的地への行き方をたずねる 本冊 p.76

❶ (1) 出発する　(2) 到着する

(3) …に着く　(4) 電車に乗る

(5) 電車を乗り換える　(6) 降りる

(7) …番線　(8) 線，路線　(9) 次の

(10) …行きの

❷ (1) どの[どちらの]電車がスタジアム[競技場]に行きますか。

(2) **What time**　(3) イ

❸ (1) **Change trains**

(2) **[1] Midori　[2] Nagayama　[3] Hokuto　[4] Sakurano**

(3) ウ

❹ **time, eleven**

解き方

❷ (1) 〈which＋名詞〉で「どの[どちらの]…」という意味になります。

(2) 直後に詩織が時刻を答えているので，「今，何時ですか」とたずねる文にします。

(3) 日本語訳 を確認しましょう。

日本語訳

男性：すみません。どの電車がスタジアムに行きますか。

詩織：３番線からの電車に乗ってください。次の電車は10時に出発します。

男性：今，何時ですか。

詩織：９時50分です。

❸ (1) **trains** と複数形になります。

(2) 杏奈の２番目と３番目の発言で，マシューの目的地までの行き方が説明されています。

(3) 日本語訳 を確認しましょう。

日本語訳

杏奈：こんにちは，マシュー。ここで何をしているのですか。

マシュー：ああ，こんにちは，杏奈。ぼくは桜野駅で友だちに会いたいんです。そこへはどうやったら行けますか。

杏奈：みどり線に乗って，永山駅で降りてください。そこで，電車を乗り換えてください。

マシュー：わかりました。そこでどの路線に乗るべきですか。

杏奈：北東線に乗ってください。桜野駅は３番目の駅です。

マシュー：わかりました。ありがとう。次の電車は３時２分に出発しますね。今，何時ですか。

杏奈：３時です。走って，マシュー！

❹ 読まれた英文の日本語訳

知佳：今，何時ですか。

ロン：11時です。

38 病院に行く・体調を説明する 本冊 p.78

❶ (1) 熱　(2) のどの痛み　(3) 腹痛

(4) 頭痛　(5) 鼻水　(6) 風邪，寒い

(7) ほかの　(8) 温度，体温

(9) 薬を飲む　(10) 休む，休憩する

❷ (1) **have**

(2) 口の中[のど]

(3) ウ

❸ (1) 私は頭が痛いです[頭痛がします]。

(2) あと

(3) **[1] No, I don't[do not].**
[2] No, I can't[cannot].

(4) ア ○　イ ×　ウ ○

❹ **stomachache, office**

解き方

❷ (1) 症状を説明するときは，**I [You] have ....** で表します。

(2) ３行目の医者の発言に着目します。

(3) 日本語訳 を確認しましょう。

日本語訳

医者：どうされましたか。

サンドラ：熱とのどの痛みがあります。それらは昨夜，始まりました。

医者：わかりました。口を開けてください。うーん，おそらく風邪をひかれましたね。この薬を飲んでください。

❸ (2)　6～7行目の医者の発言に着目します。

(3)　[1]「あなたは熱がありますか」という質問です。

[2]「あなたはたくさん食べることができますか」という質問です。

(4)　日本語訳 を確認しましょう。

日本語訳

孝太郎：ぼくは頭が痛いです。

医者：あなたはほかに症状はありますか。

孝太郎：えっと，寒気がします。

医者：あなたは家で体温を測りましたか。

孝太郎：いいえ，測っていません。

医者：では，測りましょう。うーん，熱はありませんね。この薬を食事のあとに飲んでください。何か食べられますか。

孝太郎：少しなら食べられます。

医者：それはよかった。たくさん水を飲んで，よく休んでください。

❹ **読まれた英文**

Ms. Takagi: Evan, are you OK?

Evan: I have a stomachache.

Ms. Takagi: That's too bad. Do you want to go home?

Evan: No, I don't. But can I go to the nurse's office?

Ms. Takagi: Of course. Go and take a rest.

読まれた英文の日本語訳

高木先生：エヴァン，大丈夫ですか。

エヴァン：おなかが痛いです。

高木先生：それは気の毒に。家に帰りたいですか。

エヴァン：いいえ，帰りたくありません。でも，保健室に行ってもいいですか。

高木先生：もちろん。行って休んでください。

39 地元を紹介する

本冊 p.80

❶ (1)　県　(2)　北，北部　(3)　南，南部
(4)　東，東部　(5)　西，西部　(6)　海
(7)　浜辺　(8)　海産物　(9)　新鮮な
(10)　…で有名な

❷ (1)　あなたの市では何が有名ですか。
(2)　大きな神社　(3)　イ

❸ (1)　それは新鮮でおいしい海産物で有名です。
(2)　駅(の)前
(3)　**[1]　It's[It is] near the sea.**
[2]　Yes, he does.
(4)　ア　×　イ　○　ウ　×

❹ **old temple**

解き方

❷ (2)　**famous for ...**「…で有名な」に続く a big shrine を答えましょう。

(3)　日本語訳 を確認しましょう。

日本語訳

冬香：私たちの市は県の南部にあります。

イライザ：あなたの市では何が有名ですか。

冬香：大きな神社で有名です。たくさんの人々がそれを訪れます。

イライザ：私は古い建物が好きなので，そこに行ってみたいです。

❸ (2)　5行目の文に着目します。

(3)　[1]「浜町はどこですか」という質問です。

[2]「元晴は浜辺で写真を撮るのが好きですか」という質問です。

(4)　日本語訳 を確認しましょう。

日本語訳

ぼくの名前は元晴です。ぼくたちの町，浜町を紹介したいと思います。それは海の近くにある町です。それは新鮮でおいしい海産物で有名です。ぼくたちは美しい海

で泳いで楽しむことができます。浜辺もまた美しいです。ぼくはそこで写真を撮るのが好きです。

駅前にはすてきなカフェがあります。そこでは日本茶を飲んだり，和菓子を食べたりすることができるので，外国の人々の間で人気があります。

いつかぼくたちの町に来てください！

❹ 読まれた英文

Jennie: Takahiro, what is famous in your town?

Takahiro: Well, we have a famous temple. It's very old.

読まれた英文の日本語訳

ジェニー：孝弘，あなたの町では何が有名ですか。

孝弘：えっと，有名なお寺があります。それはとても古いです。

40 地元のお祭りに参加する 本冊 p.82

❶ (1) 祭り　(2) 神社　(3) 屋台料理
(4) 花火　(5) 綿あめ
(6) アメリカンドッグ　(7) 楽しい
(8) 着る　(9) ダンス，おどり
(10) 伝統的な

❷ (1) たくさんの人たちが浴衣を着ています。
(2) **In**　(3) ア

❸ (1) 焼きそば，綿あめ
(2) それは伝統的な日本のおどり[ダンス]です。
(3) **He wants to eat a corn dog.**
(4) ア ○　イ ×　ウ ×

❹ (1) 日本の屋台料理　(2) 花火

解き方

❷ (1) 〈**be** 動詞＋動詞の **ing** 形〉で「…している」という現在進行形の意味です。

(2) 「晩[夕方]に」は in the evening で表します。「朝[午前中]に」，「午後に」も同様に，in the morning[afternoon] と in を使います。

(3) 日本語訳 を確認しましょう。

日本語訳

アリス：たくさんの人たちが浴衣を着ています。

眞子：そうですね。今日は神社で夏祭りがあります。

アリス：わくわくしますね！　屋台で食べ物を買うことができますか。

眞子：はい！　晩には，花火を見ることができます。

❸ (1) 2～3行目のやりとりに着目します。

(3) 「大輔は何を食べたがっていますか」という質問です。

(4) 日本語訳 を確認しましょう。

日本語訳

ジャック：ぼくは日本の屋台料理が食べたいです。

大輔：では，焼きそばはどうですか。

ジャック：いいですね。それを食べてみたいです。ぼくは綿あめもほしいです。

大輔：わかりました。ぼくはアメリカンドッグが食べたいです。それらを買いに行きましょう。そのあと，盆おどりをやってみましょう。ぼくはそれが得意ではありませんが，楽しいですよ。

ジャック：盆おどりとは何ですか。

大輔：それは日本の伝統的なおどりです。

❹ 読まれた英文

Kanako: Alex, what do you want to do at the summer festival?

Alex: I want to try Japanese street food. How about you, Kanako?

Kanako: I'm looking forward to the fireworks.

読まれた英文の日本語訳

可奈子：アレックス，あなたは夏祭りで何をしたいですか。

アレックス：ぼくは日本の屋台料理を食べてみたいです。あなたはどうですか，可奈子。

可奈子：私は花火を楽しみにしています。

41 ボランティア活動をする 本冊 p.84

❶ (1) ボランティア　(2) 拾う
(3) ごみ　(4) 植える　(5) 花
(6) 寄付する　(7) …の世話をする

(8) お年寄り，年配の人　(9) 子ども
(10) 一員，メンバー

❷ (1) あなた(たち)は何の[どんな]仕事をしますか。
(2) イ　(3) ウ

❸ (1) 自分たちの町のために何かしたいから。
(2) 公園に花を植える。／老人ホームを訪れる。
(3) **They talk about the next volunteer work.**
(4) ア ×　イ ○

❹ **read books, library**

解き方

❷ (1) what work で「何の[どんな]仕事」という意味になります。
(2) 直後の栄治の発言から，クロエは参加してもよいかと許可を求めているとわかります。
(3) 日本語訳 を確認しましょう。

日本語訳

クロエ：あなたはボランティアクラブに所属しています。あなたたちはどんな仕事をしますか。
栄治：ぼくたちはよく週末に，通りでごみ拾いをします。
クロエ：すばらしいですね。あなたたちの仕事に参加してもいいですか。
栄治：もちろん！　次の日曜日に公園に来てください。

❸ (1) 1行目のキースの発言に着目します。
(2) 6～7行目で，ボランティア活動の例が述べられています。
(3) 「ボランティアクラブの部員たちは会議で何をしますか」という質問です。
(4) 日本語訳 を確認しましょう。

日本語訳

キース：ぼくたちの町のために何かしたいので，ボランティアクラブに興味があります。
森先生：すばらしいですね。私たちは放課後に会議があります。そこでは次のボランティアの仕事について話します。私たちは週末にそれをします。
キース：なるほど。どんなボランティアの仕事をするのですか。
森先生：えっと，たとえば，公園に花を植えます。また，老人ホームを訪れます。
キース：おもしろそうですね。ぼくはクラブに入りたいです。
森先生：わかりました。今日，会議に来てください。

❹ 読まれた英文

Mila: I'm interested in volunteer work. What can I do, Yosuke?
Yosuke: Well, you can read books to children at the library.
Mila: That sounds good. I want to try that.

読まれた英文の日本語訳

ミラ：私はボランティアの仕事に興味があります。陽介，私には何ができるでしょうか。
陽介：えっと，図書館で子どもたちに本を読んであげることができます。
ミラ：いいですね。それをやってみたいです。

42 まとめのテスト❷

本冊 p.86

❶ (1) ヒツジ　(2) 湖　(3) いつか
(4) 伝統的な　(5) 注文する
(6) **stadium**　(7) **wait**
(8) **January**　(9) **hundred**
(10) **volunteer**

❷ (1) **Do you**
(2) **Where is the cafe**
(3) **doesn't**
(4) イ

❸ (1) **What would you like**
(2) 私は今，おなかが痛いです[腹痛がします]。
(3) **[1] I want two (sandwiches).**
[2] I like hamburgers.
(4) ア ×　イ ○　ウ ×

❹ ア

解き方

❷ (1) リズに対してたずねているので，主語は you です。あとに一般動詞の want があるので，疑問文は Do you ...? とします。

(2) 疑問詞 Where で文を始め，そのあとに be 動詞の is，主語の the cafe の順に並べます。

(4) 日本語訳 を確認しましょう。

日本語訳

絵里奈：私はひまなときにカフェに行くのが好きです。すてきなカフェを知っています。あなたはそこに行きたいですか。

リズ：はい！　私もカフェが好きです。そのカフェはどこにあるのですか。

絵里奈：川のそばです。そこではフルーツパフェが食べられます。

リズ：えっと，私は果物があまり好きではないんです。

絵里奈：それなら，抹茶パフェを食べられます。それは果物が入っていません。私たちの市は抹茶で有名なんです。

リズ：わあ，おいしそうですね。それを食べてみたいです！

❸ (1) **What** で文を始め，**would you like** と続けます。**would like ...** は「…がほしい」という意味です。

(2) stomachache は「腹痛」という意味です。

(3) [1] 「あなたはいくつサンドイッチがほしいですか」という質問です。

[2] 「あなたは何の食べ物が好きですか」という質問です。

(4) 日本語訳 を確認しましょう。

日本語訳

店員：ご注文は何でしょうか。

ケビン：サンドイッチ2つと，フライドポテト，オレンジジュースをお願いします。

夏雄：ハンバーガーを1つとホットティーをお願いします。

ケビン：それで全部ですか。あなたはふだんたくさん食べるのに。ハンバーガーはあなたのお気に入りの食べ物ですよね。

夏雄：はい，でも今はおなかが痛いんです。

ケビン：えっ，本当ですか。大丈夫ですか。

夏雄：心配しないで。深刻ではありません。

ケビン：えっと，たぶんあなたは薬を飲んだほうがいいですよ。

❹ 読まれた英文

Tommy: Nozomi, you study very hard every day. Do you want to be a doctor?

Nozomi: A doctor? No, I don't. My mother is an English teacher, so I want to be a teacher like her.

Tommy: I see. You are very good at English. Does she teach English to you?

Nozomi: Yes, she does. And we often sing English songs together.

Tommy: That's good.

読まれた英文の日本語訳

トミー：希美，あなたは毎日一生懸命勉強しています。医者になりたいのですか。

希美：医者？　いいえ，違います。私の母が英語の教師なので，私も彼女のような教師になりたいです。

トミー：なるほど。あなたは英語がとても得意ですからね。彼女はあなたに英語を教えてくれますか。

希美：はい，教えてくれます。それと，私たちはよくいっしょに英語の歌を歌います。

トミー：それはいいですね。

43 天候についての会話

本冊 p.88

❶ (1) 晴れた　(2) くもりの　(3) 雨の
(4) 雪の　(5) 暑い　(6) 暖かい
(7) 涼しい　(8) 雪が降る，雪
(9) 雨が降る，雨　(10) 天気

❷ (1) ロンドンの天気はどうですか。
(2) **cool**　(3) イ

❸ (1) 東京は今，雪が降っています。
(2) **summer**
(3) **[1] Yes, I do.**
[2] I went to the sea.
(4) ウ

❹ (1) ア　(2) オ

解き方

❷ (1) **How is the weather in ...?** で「…の天気はどうですか」と天気をたずねる疑問文になります。

(3) 日本語訳 を確認しましょう。

日本語訳

颯太：ロンドンの天気はどうですか。

アリア：今日は晴れていて，暖かいです。大阪はどうですか。

颯太：今は雨が降っていて，涼しいです。ぼくは雨の日が好きではありません。

アリア：本当ですか。私は実は雨が好きなんです。それは私をリラックスさせてくれます。

❸ (1) この文の主語 **It** には「それ」という意味はありません。ここでは天候を表す形式的な主語として使われているので注意しましょう。

(3) [1]「あなたは晴れの日が好きですか」という質問です。

[2]「あなたは今日，どこに行きましたか」という質問です。

(4) 日本語訳 を確認しましょう。

日本語訳

朱莉：シドニーの天気はどうですか。

ジャック：暑いです。ぼくは今日，海へサーフィンをしに行きました。

朱莉：サーフィンですか。東京は今，雪が降っています。外はとても寒いです。

ジャック：今，日本は冬ですよね。今，オーストラリアは夏なんです。

朱莉：あなたは夏によくサーフィンをしに行くのですか。

ジャック：はい。ぼくは晴れの日が大好きなんです。あなたはどうですか。

朱莉：私もです。私は晴れの日に，母とテニスをします。

❹ 読まれた英文

Kazuha: How is the weather in New York, Kevin?

Kevin: It's cloudy and warm today. How about in Fukuoka?

Kazuha: It's clear now. I can see a lot of stars. But it's very cold outside.

読まれた英文の日本語訳

一葉：ニューヨークの天気はどうですか，ケビン。

ケビン：今日はくもっていて，暖かいです。福岡はどうですか。

一葉：今は晴れています。星がたくさん見えます。でも外はとても寒いです。

44 旅の計画

本冊 p.90

❶ (1) 飛行機　(2) タクシー

(3) ホテル　(4) 観光

(5) ハイキング　(6) スケジュール

(7) 休暇，休み　(8) 旅行

(9) 計画(する)　(10) …の間に

❷ (1) **Where**

(2) 新潟

(3) ア

❸ (1) あなたは何か夏休みの計画がありますか。

(2) イ

(3) **I want to visit temples and shrines.**

(4) ア ×　イ ×　ウ ○

❹ (1) カナダ　(2) 友だち

(3) 沖縄　(4) 水族館

解き方

❷ (1) 直後でエラが場所を答えているので，**Where**「どこ」を入れます。

(2) 直前のエラの発言に着目します。

(3) 日本語訳 を確認しましょう。

日本語訳

彩：あなたは冬休みの間，どこを訪れたいですか。

エラ：私は新潟を訪れたいです。私はそこで家族とスキーをしたいです。

彩：すばらしいですね！　私は大分に行きたいです。私は温泉が大好きです。あなたはどうですか。

エラ：私もです。私はよくスキーのあと，温泉に行きます。

❸ ⑴ plans はここでは名詞として使われていて，「計画」「予定」などの意味になります。

⑵ 直前で「あなたはよく京都へ行くのですか」とたずねられ，「いいえ」と答えているので，first time「初めて」が適します。

⑶「あなたは京都でどこを訪れたいですか」という質問です。

⑷ 日本語訳 を確認しましょう。

日本語訳

ルーク：あなたは何か夏休みの計画がありますか。

京香：はい。私は短い旅行を考えています。あなたはどうですか。

ルーク：ぼくはとても家族と京都へ行きたいです。

京香：京都ですか。あなたはそこで何をしたいのですか。

ルーク：ぼくは寺社を訪れ，伝統的な京料理を食べたいです。

京香：それはいいですね！　あなたはよく京都へ行くのですか。

ルーク：いいえ，実はこれが初めてなんです。ぼくはそれを楽しみにしています。

❹ 読まれた英文

Meg: Where do you want to go during the winter vacation?

Koji: I want to go to Canada. My friend, Hiroshi, lives there and studies English. I want to see him. Do you have any plans, Meg?

Meg: I want to visit Okinawa. I like sea animals, so I want to see them at the aquarium.

Koji: That's good.

読まれた英文の日本語訳

メグ：あなたは冬休みの間，どこに行きたいですか。

浩司：ぼくはカナダに行きたいです。ぼくの友だちの博がそこに住んでいて，英語を勉強しています。ぼくは彼に会いたいです。あなたは何か計画がありますか，メグ。

メグ：私は沖縄を訪れたいです。私は海の動物が好きなので，水族館でそれらを見たいです。

浩司：それはいいですね。

45 旅先の名物・食べ物について調べる

本冊 p.92

❶ ⑴ みやげ，記念品　⑵ 塩

⑶ 料理　⑷ 市場

⑸ (独特の)味　⑹ 試す，食べてみる

⑺ いろいろな…　⑻ 独特の

⑼ 地元の　⑽ おいしい

❷ ⑴ フィッシュ・アンド・チップス

⑵ 食べてみて！　それはとてもおいしいです。

⑶ イ

❸ ⑴ それ[そこ]はどんな種類の食べ物で有名ですか。

⑵ **seafood[fish]**

⑶ **Yes, it does.**

⑷ ア ○　イ ○　ウ ×

❹ 焼きそば，緑茶

解き方

❷ ⑴ 全体としてフィッシュ・アンド・チップスについて話していることに着目します。

⑶ 日本語訳 を確認しましょう。

日本語訳

あなたはフィッシュ・アンド・チップスを知っていますか。それは油であげた魚とジャガイモからなるイギリスの伝統的な料理です。イギリスの人々はそれが大好きです。彼らはたいてい塩と酢でそれを食べます。それはイギリスの名物です。食べてみて！　それはとてもおいしいです。ありがとうございました。

❸ ⑵ 6行目の圭司の発言に着目します。

⑶「海鮮丼にはご飯が入っていますか」という質問です。

⑷ 日本語訳 を確認しましょう。

日本語訳

圭司：あなたのこの冬の北海道への旅行について聞きましたよ。そこはおいしい食べ物のあるすばらしい場所です！

リリー：すごいですね！　そこはどんな種類の食べ物で有名ですか。

圭司：海鮮丼です。それは特別な海産物のどんぶりです。

リリー：それは何ですか。それには生魚が入っていますか。

圭司：はい。それはご飯の上に海産物が乗ったどんぶりです。

リリー：わあ！　ご飯の上に海産物が乗っているんですか。私はそれを食べてみたいです！

❹ 読まれた英文

Hello, everyone. Please listen to my plan for the trip to Shizuoka next week. I want to eat fried noodles there. Also, Shizuoka is famous for green tea, so I want to drink it. Thank you.

読まれた英文の日本語訳

こんにちは，みなさん。来週の静岡旅行のためのぼくの計画について聞いてください。ぼくはそこで焼きそばを食べたいです。また，静岡は緑茶で有名なので，それを飲みたいです。ありがとうございました。

46 観光名所をたずねる

本冊 p.94

❶ (1) 目印となるもの　(2) 遺跡
(3) (文化的・歴史的)遺産　(4) 橋
(5) ピラミッド　(6) 教会
(7) 文化的な　(8) 歴史上有名な
(9) 息をのむような　(10) 名所

❷ (1) イ
(2) それは歴史上有名な場所です。
(3) ア

❸ (1) (人なつっこい)シカ
(2) **Todaiji Temple**
(3) ［1］ **No, it isn't[it's not].**
［2］ **Yes, I do.**
(4) ア ×　イ ○　ウ ○

❹ イ，ア

解き方

❷ (1) 後ろに名詞が続いているので，**Which**「どちらの…」が適します。
(3) 日本語訳 を確認しましょう。

日本語訳

レオ：私たちは兵庫でどの場所を訪れるべきですか。

彩：姫路城はどうですか。そこは歴史上有名な場所です。

レオ：おもしろそうですね。それは世界遺産ですか。

彩：はい。私たちはそこで美しい白い城を見ることができます。

❸ (1) deerは複数形でも単数形と同じ形です。
(2) 直前の正治の発言に着目します。
(3) ［1］「東大寺はあなたの町から遠いですか」という質問です。
［2］「あなたはその寺を訪れたいですか」という質問です。
(4) 日本語訳 を確認しましょう。

日本語訳

正治：あなたは次の休みに何をしたいですか。

ノラ：私は家族と旅行に行きたいです。よい場所を知っていますか。

正治：奈良はどうですか。そこには人なつっこいシカのいる大きな公園があります。あなたはそれらにえさをやることができます。

ノラ：それはすごいですね。奈良にはほかに何がありますか。

正治：東大寺に行ってみて。その中で大仏を見ることができますよ。

ノラ：私はそこを訪れたいです！　その寺は私たちの町から遠いですか。

正治：いいえ。あなたはそこへ電車で行くことができます。

❹ 読まれた英文

Greg: Where can I go in your city? Do you have any ideas?

Kana: When do you want to come?

Greg: In spring. My parents want to visit Japan next spring.

Kana: Then visit Ota Park. It's famous for cherry blossoms. They are really beautiful in spring.

Greg: That sounds great. Thank you, Kana.

読まれた英文の日本語訳

グレッグ：あなたの市ではどこに行くことができますか。あなたは何か考えがありますか。

香奈：あなたはいつ来たいのですか。

グレッグ：春です。ぼくの両親が次の春に日本を訪れたがっているんです。

香奈：それなら，太田公園を訪れてみて。そこは桜の花で有名です。春にそれらは本当に美しいですよ。

グレッグ：よさそうですね。ありがとう，香奈。

47 自転車を借りて観光地を回る 本冊 p.96

❶ (1) 借りる　(2) 返す
(3) レンタルの　(4) 旅行(する)
(5) 観光客　(6) 場所，地点
(7) 同じ　(8) 景色
(9) 1日につき…　(10) …に戻ってくる

❷ (1) 私はバスに乗ることができますか。
(2) in　(3) ウ

❸ (1) (観光客にとってよい場所がたくさんあるが，)それほど大きな町ではないから。
(2) イ
(3) 時間について心配する　(4) イ

❹ by bike

解き方

❷ (3) 日本語訳 を確認しましょう。

日本語訳

ベス：私は明日，いくつかの寺を訪れたいです。私はバスに乗ることができますか。

香苗：自転車を使うのはどうですか。駅前の自転車レンタル店で，1日につき1,000円で自転車を借りることができます。

ベス：本当ですか？　それはすばらしい！　私はそうするつもりです。

❸ (1) 3～4行目の瑞樹の発言に着目します。
(2) 「町の多くの場所で…」と答えているので，場所をたずねているとわかります。
(3) 8～9行目のサイモンの発言に着目します。
(4) 日本語訳 を確認しましょう。

日本語訳

瑞樹：今日はよい天気です。町を自転車で回りましょう。

サイモン：自転車で？　それは大変そうです。

瑞樹：観光客にとってよい場所がたくさんありますが，それほど大きな町ではないので，自転車で簡単に旅行することができます。

サイモン：なるほど。どこで自転車を借りることができますか。

瑞樹：町の多くの場所で自転車を借りたり返したりすることができます。それに，同じ場所に戻ってきて自転車を返す必要はありません。

サイモン：いいですね。それに，バスや電車で旅行するのと違って，ぼくたちは時間について心配する必要がありません。景色を楽しむこともできます。わかりました，自転車を借りましょう！

❹ 読まれた英文

Mamoru: Clara, what do you want to do during your trip?

Clara: I want to go to Himeji Castle. How can I go there?

Mamoru: You can go there by bike or by bus.

Clara: I see. I want to go there by bike.

読まれた英文の日本語訳

守：クララ，あなたは旅行中に何をしたいですか。

クララ：私は姫路城に行きたいです。そこへはどうやったら行くことができますか。

守：自転車かバスで行くことができます。

クララ：なるほど。私は自転車でそこに行きたいです。

48 旅の思い出 本冊 p.98

❶ (1) イタリア　(2) フランス
(3) ドイツ　(4) 絵画　(5) 親
(6) おじ　(7) おば　(8) 滞在する

(9) 初めて　(10) 遊園地

❷ (1) あなた(たち)の旅行はどうでしたか。

(2) **saw**　(3) ウ

❸ (1) **I did**

(2) **Where did you visit there**

(3) **[1] She saw a whale shark.**

[2] Tatsuki's uncle did.

(4) ア ○　イ ×

❹ (1) (かわいい)コアラを見た

(2) (おいしい)海産物を食べた

解き方

❷ (1) **how** は「どんな具合[状態]で」という意味です。was は be 動詞の過去形です。

(2) 前に動詞の過去形 visited があるので，see も過去形にします。see の過去形は saw です。

(3) 日本語訳 を確認しましょう。

日本語訳

智也：ぼくは夏休みに，母と姉といっしょにイタリアに行きました。

カーター先生：すばらしいですね。旅行はどうでしたか。そこで何をしましたか。

智也：美術館を訪れて，たくさんの有名な絵画を見ました。それらはとても美しかったです。

❸ (1) **Did you ...?** に Yes で答える場合は，**Yes, I did.** となります。

(2) 疑問詞の **Where** で文を始めて，そのあとに一般動詞の過去の疑問文〈**did** ＋主語＋動詞の原形**...?**〉を続けます。

(3) [1]「ジーンは水族館で何を見ましたか」という質問です。

[2]「だれがたこ焼きを作りましたか」という質問です。

(4) 日本語訳 を確認しましょう。

日本語訳

樹生：あなたは夏休みにどこかに行きましたか。

ジーン：はい，行きました。私は家族と沖縄に行きました。

樹生：本当ですか。ぼくは沖縄が大好きです。そこでどこを訪れましたか。

ジーン：私は水族館を訪れました。初めてジンベイザメを見ました。それはとても大きかったです！　私はわくわくしました。あなたはどうですか。

樹生：ぼくは大阪に行きました。そこで遊園地を楽しみました。

ジーン：あなたの両親はあなたといっしょに大阪に行きましたか。

樹生：いいえ。ぼくはひとりでそこに行って，おじとおばのところに滞在しました。ぼくのおじは夕食にたこ焼きを作ってくれました。おいしかったです。

❹ 読まれた英文

Sakura: I went to Australia.　I saw koalas there.　They were cute.

Evan: I visited Hokkaido.　I ate seafood there.　It was delicious.

読まれた英文の日本語訳

桜：私はオーストラリアに行きました。そこでコアラを見ました。それらはかわいかったです。

エヴァン：ぼくは北海道を訪れました。そこで海産物を食べました。それはおいしかったです。

49 友だちに電話をかける

本冊 p.100

❶ (1) …してもよい，…かもしれない

(2) …と話す　(3) …に電話をかけ直す

(4) あとで　(5) 伝言，メッセージ

(6) 外出して　(7) 帰宅する

(8) 伝える，教える　(9) 午後

(10) 質問，問題

❷ (1) イ

(2) **you**

(3) イ

❸ (1) 彼は今，外出しています。

(2) ウ

(3) 宿題について(いくつかの)質問があったから。

(4) ア ○　イ ○　ウ ×

❹ イ，ア

解き方

❷ (1) 電話で「私は…です」と名乗るときは，**This is ....** を使います。

(3) 日本語訳 を確認しましょう。

> **日本語訳**
>
> まどか：もしもし。私は中野まどかです。ドナさんをお願いします。
>
> ドナ：私です。こんにちは，まどか。どうしたの。
>
> まどか：私は映画のチケットを２枚持っています。明日の午後，私といっしょに来られますか。
>
> ドナ：もちろん！　映画館の前で会いましょう。

❸ (2)「伝言を預かりましょうか」という意味の文にします。逆に，leave a message は「伝言を残す」という意味です。

(3) ６～７行目のジェイミーの発言に着目します。

(4) 日本語訳 を確認しましょう。

> **日本語訳**
>
> ジェイミー：もしもし。ぼくはジェイミー・コリンズです。隆二さんをお願いします。
>
> 隆二の母親：こんにちは，ジェイミー。隆二の母です。彼は今，外出しています。彼は毎週土曜日の午後は野球の練習があるんです。
>
> ジェイミー：彼はふだん何時に帰宅しますか。
>
> 隆二の母親：７時までに帰宅します。伝言を預かりましょうか。
>
> ジェイミー：はい，お願いします。彼に「宿題についていくつかの質問があります。あとでぼくに電話をかけ直してください」と伝えてください。
>
> 隆二の母親：わかりました。いいですよ。

❹ 読まれた英文

Aya: Hello?　This is Yamaguchi Aya.　May I speak to Robin?

Robin: Hi, Aya.　This is Robin.　What's up?

Aya: Hi, Robin.　Do you have any plans for next Sunday?　Let's go to the zoo.

Robin: I'd like to go with you, but I have other plans.　I want to go shopping with my friends.

Aya: I see.　Then let's go there another day.

読まれた英文の日本語訳

綾：もしもし。私は山口綾です。ロビンさんをお願いします。

ロビン：こんにちは，綾。ロビンです。どうしたの。

綾：こんにちは，ロビン。次の日曜日は何か予定はありますか。動物園に行きましょう。

ロビン：あなたといっしょに行きたいのですが，ほかに予定があります。ぼくは友だちと買い物に行きたいんです。

綾：わかりました。それでは，また別の日に行きましょう。

50 SNS を始める

本冊 p.102

❶ (1) SNS，ソーシャルメディア
(2) アプリ　(3) アカウント
(4) 投稿(する)　(5) 追加する
(6) …として　(7) 書く
(8) プロフィール　(9) …と友だちになる

❷ (1) **this social media app**
(2) 私はあなたの投稿を楽しみに待っています。
(3) ア

❸ (1) ウ
(2) **with**
(3) 日本人と話して，日本語を上達させたいということ。
(4) あまり多くの個人情報を投稿しないようにすること。

❹ (1) ほかの中学校　(2) 友だちになる
(3) 歌手　(4) 情報を得る

解き方

❷ (1) 直前のパットの発言に着目します。

(3) 日本語訳 を確認しましょう。

> **日本語訳**
>
> パット：ぼくは昨日，このSNSアプリのアカウントを作りました。
>
> 恭介：ぼくもそれを使っています。見てください！　これがぼくのアカウントです。

パット：あなたを友だちとして追加してもいいですか。
恭介：もちろん！　あなたの投稿を楽しみに待っています。

❸ (1)　直後の萌子の発言から，**方法をたずねる how** が入るとわかります。
(3)　6～7行目の萌子の発言に着目します。
(4)　7～8行目の萌子の発言に着目します。

日本語訳

リンダ：萌子，どうやったら私の日本語を上達させることができますか。
萌子：えっと，あなたは SNS を通してたくさんの日本人と友だちになることができますよ。
リンダ：それはよい考えですね。私は SNS のアカウントを作りたいです。私のプロフィールに何を書くべきですか。
萌子：あなたは日本人と話して，日本語を上達させたいのですよね。そのことを書くといいですよ。でも，あまり多くの個人情報を投稿しないでください。
リンダ：わかりました。気をつけるようにします。

❹ **読まれた英文**

Mai: I made an account on social media.
Alex: Me, too. Why did you make an account, Mai?
Mai: I want to make friends with students at other junior high schools in our prefecture. How about you, Alex?
Alex: I want to get information about my favorite singer.

読まれた英文の日本語訳

麻衣：私は SNS のアカウントを作りました。
アレックス：ぼくもです。あなたはなぜアカウントを作ったのですか，麻衣。
麻衣：私たちの県のほかの中学校の生徒と友だちになりたいからです。あなたはどうですか，アレックス。
アレックス：ぼくの好きな歌手についての情報を得たいからです。

51 SNS でメッセージを送る 本冊 p.104

❶ (1)　交換する　(2)　共有する
(3)　削除する　(4)　返信(する)
(5)　コメント(する)　(6)　動画
(7)　写真　(8)　覚えている，思い出す
(9)　いないのをさみしく思う
(10)　驚いた

❷ (1)　(ロンのお気に入りの)ロックバンド
(2)　**your posts**　(3)　ウ

❸ (1)　私たちはバドミントン部に所属していました。
(2)　若菜からメッセージを受け取ったから。
(3)　バドミントン部の部員(たち)
(4)　**[1] He studied there two years ago.**
[2] She posted a video of the badminton team members.

❹ トラ，かっこいい

解き方

❷ (1)　直後の文に着目します。
(2)　直前の文に着目します。
(3)　日本語訳 を確認しましょう。

日本語訳

こんにちは！　ぼくはあなたの学校の生徒のロンといいます。あなたの投稿を読みました。あなたはそこで The Greens について書いていましたよね。彼らはぼくのお気に入りのロックバンドです！　ぼくの友だちは彼らについて知りません。ぼくはあなたと友だちになって，彼らについて話したいです。

❸ (1)　**were** は **are** の過去形です。
(2)　6～7行目のアレンの発言に着目します。
(3)　直前の2文から，アレンはバドミントン部の部員たちの動画を見たことがわかるので，**them** はバドミントン部の部員たちを指していると判断できます。
(4)　[1]「アレンはいつ若菜の学校で勉強していましたか」という質問です。

［2］「若菜は何を投稿しましたか」という質問です。

日本語訳

若菜：こんにちは，アレン。私は若菜です。私のことを覚えていますか。あなたは2年前，私の学校で勉強していましたね。私たちはバドミントン部に所属していました。あなたをこのSNSアプリで見つけて，あなたを友だちとして追加しました。私はあなたとメッセージをやりとりしたいです。あなたの返信を楽しみに待っています。

アレン：こんにちは，若菜！　もちろん，あなたのことを覚えています！　あなたのメッセージを受け取って，驚きました。ありがとう！　あなたの新しい投稿を見ました。バドミントン部の部員たちの動画を投稿していましたね。ぼくは彼らに会えなくてさみしく思います。彼らは元気ですか。部のことをぼくに教えてください！

❹ 読まれた英文

Hi, Yota. You posted a picture of a tiger. Did you take the picture at the zoo? It was cool!

読まれた英文の日本語訳

こんにちは，陽太。あなたはトラの写真を投稿していましたね。動物園でその写真を撮ったのですか。それはかっこよかったです！

52 Eメールを書く

本冊 p.106

❶ (1) 親愛なる…　(2) リンク
(3) ウェブサイト　(4) ファイル
(5) 確認する　(6) 添付する
(7) 理解する　(8) 長い　(9) 短い
(10) …をありがとう。

❷ (1) ア
(2) メンバー［部員］たちはとても親切です。
(3) イ

❸ (1) **Sensoji Temple**
(2) 日本で訪れるべき場所を教えてもらうこと。
(3) **Daniel's parents do.**
(4) ア ×　イ ×　ウ ○

❹ 姉［妹］の誕生日パーティー，ケーキ

解き方

❷ (1) **Dear …**は「親愛なる…」という意味で，かしこまったEメールや手紙の書き出しなどで使われます。
(3) 日本語訳 を確認しましょう。

日本語訳

親愛なるブラウン先生へ
お元気ですか。私はカナダで英語を勉強しています。学校では吹奏楽部に所属しています。部員たちはとても親切です。私の英語はあまりうまくありませんが，彼らは私の話を聞いて，私の英語を理解してくれます。私はここでの生活を楽しんでいます。

❸ (1) 直前の孝彦の発言に着目します。
(2) 2～3行目，4行目から，ダニエルがEメールを送った目的は，孝彦に日本で訪れるべき場所を教えてもらうことだとわかります。
(3)「だれが日本食を食べたいと思っているのですか」という質問です。
(4) 日本語訳 を確認しましょう。

日本語訳

ダニエル：こんにちは，孝彦。ぼくは来月，家族と日本を訪れたいです。ぼくの初めての日本への訪問なので，よい場所をいくつか教えてくれませんか。ぼくは歴史上有名な場所を訪れたいです。ぼくの両親は日本食を食べたいと思っています。ぼくたちはどこを訪れるべきですか。

孝彦：こんにちは，ダニエル。Eメールをありがとう。あなたたちは東京の浅草を訪れることができますよ。浅草寺を知っていますか。それは約1,400年の長い歴史があります。そして，ぼくは浅草のおいしいそば屋を知っています。下にあるそのそば屋のウェブサイトへのリンクを確認してください。

❹ **読まれた英文**

Hi, Glen. I want to have a birthday party for my sister next week. You know her, right? Please join the party. And I want to make a cake for her, so can you help me? I'm looking forward to your reply.

読まれた英文の日本語訳

こんにちは，グレン。私は来週，姉の誕生日パーティーをしたいんです。あなたは彼女を知っていますよね。ぜひパーティーに参加してください。そして，私は彼女のためにケーキを作りたいので，私を手伝ってくれませんか。あなたの返信を楽しみに待っています。

53 日本の食べ物について説明する

本冊 p.108

❶ (1) 生の　(2) しょうゆ　(3) 砂糖
(4) 塩　(5) はし　(6) 牛肉
(7) …を～につける　(8) 混ぜる
(9) 難しい　(10) 簡単な

❷ (1) difficult
(2) 酢飯，魚，野菜，卵などを混ぜる。
(3) イ

❸ (1) すき焼きとはどんな種類の料理ですか。
(2) raw eggs
(3) [1] He (usually) eats it with raw eggs.
[2] She's[She is] from the U.S.A.
(4) ア ○　イ ×

❹ ア，イ

解き方

❷ (2) 4行目でちらしずしの作り方を説明しています。
(3) **日本語訳** を確認しましょう。

日本語訳

すしは，酢飯の玉の上に生魚の薄切りが乗っています。ぼくたちはすしをしょうゆにつけて食べます。ぼくたちはふつうはしを使いますが，手ですしを食べることもできます。すしを作ることは難しいですが，ちらしずしを家で作ることは簡単です。酢飯，魚，野菜，卵などを混ぜます。

❸ (2) 5～6行目のやりとりに着目します。
(3) [1] 「順太はふつうどうやってすき焼きを食べますか」という質問です。
[2] 「アリスはどこの出身ですか」という質問です。
(4) **日本語訳** を確認しましょう。

日本語訳

順太：ぼくは昨日，夕食にすき焼きを食べました。おいしかったです。
アリス：すき焼きとはどんな種類の料理ですか。
順太：薄切りの牛肉，野菜，とうふなどをなべの中で料理します。ぼくたちはふつうすき焼きを生卵といっしょに食べます。
アリス：生卵？　私の国であるアメリカ合衆国では，生卵は食べません。
順太：知っています。多くの国の人はそれらを食べませんが，日本人はそれらが好きです。
アリス：ほかに生卵を使った料理はありますか。
順太：生卵をしょうゆといっしょにご飯の上にかけて食べもします！

❹ **読まれた英文**

Manami: Thomas, what kind of Japanese food do you like?
Thomas: I like *sashimi*. I can enjoy fresh seafood. How about you, Manami?
Manami: I like tempura. I don't like vegetables very much, but I can eat vegetable tempura.

読まれた英文の日本語訳

真奈美：トーマス，あなたはどんな種類の日本食が好きですか。
トーマス：ぼくはさしみが好きです。新鮮な海産物を楽しむことができますから。あなたはどうですか，真奈美。
真奈美：私はてんぷらが好きです。野菜があまり好きではないのですが，野菜の天ぷらは食べることができます。

54 日本の季節と行事を説明する

本冊 p.110

❶ (1) 季節　(2) 春　(3) 夏
(4) 冬　(5) 桜の花
(6) …の下で[に]　(7) 祝日
(8) 元日　(9) 大みそか　(10) 迎える

❷ (1) 私たちは桜の花の下でパーティーをします。
(2) **cherry blossoms**　(3) ウ

❸ (1) **What season do you like**
(2) 新年の神様をきれいな家で迎えるため。
(3) ウ
(4) ア ○　イ ×

❹ **March, girls**

解き方

❷ (1) have a party で「パーティーをする[開く]」という意味です。
(2) 直前の文に着目します。
(3) 日本語訳 を確認しましょう。

日本語訳

春に，私たちは桜の花の下でパーティーをします。桜の花は約２週間という短い時間の間しか咲きません。毎年私たちはそれらを見て，そして自分自身の人生について考えます。桜の花のように，人生は短いですが美しいです。だから，日本人はそれらが大好きなのです。

❸ (1) 〈what ＋名詞〉となる **What season** で文を始め，そのあとに一般動詞の疑問文の語順を続けます。
(2) ４～５行目の修也の発言に着目します。
(3) How about …? で「…はどうですか」という意味になります。
(4) 日本語訳 を確認しましょう。

日本語訳

修也：日本には四季があります。あなたはどの季節が好きですか。
ニック：ぼくは冬が好きです。日本人は年末年始の休日をどのように過ごすのですか。
修也：ぼくたちはその年の終わりに家を掃除します。新年の神様をきれいな家で迎えるんです。
ニック：おもしろいですね。大みそかと元日はどうですか。
修也：大みそかにはそばを食べます。元日にはおせちという特別な料理を食べます。そして，多くの人は元日に神社を訪れます。新年の幸せを祈るんです。
ニック：すばらしいですね。来年の元日には神社を訪れたいです！

❹ **読まれた英文**

Doll's Day is a festival for girls. We have the event on March 3.

読まれた英文の日本語訳

ひな祭りは女の子のためのお祭りです。その行事は３月３日に行われます。

55 日本の見どころを紹介する

本冊 p.112

❶ (1) 文化　(2) 歴史(上)の
(3) 時代，期間　(4) …になる
(5) メートル　(6) …の高さがある
(7) 晴れた　(8) 物語
(9) …と～の間に[で]

❷ (1) **and**
(2) ア
(3) ア

❸ (1) かぶきには長い歴史がありますか。
(2) 歴史上の出来事や人々の生活について。
(3) **[1] They wear gorgeous kimono and makeup.**
[2] It started in the Edo period. [It started about four hundred years ago.]

❹ イ，イ

解き方

❷ (2) 日，日付，曜日などを表すときは，前置詞 **on** を使います。
(3) 日本語訳 を確認しましょう。

日本語訳

富士山は静岡と山梨の間にある山で，3,776 メートルの高さがあります。それはとても高いので，晴れた日は東京から見ることができます。それは 2013 年に世界遺産になりました。それはとても美しく，日本の象徴であるので，多くの芸術作品の中に見られます。

❸ (1) 〈**Does** ＋主語＋動詞 **...?**〉は「(主語) は…しますか」という現在の疑問文です。

(2) 6～7行目の蘭の発言に着目します。

(3) [1]「かぶきの役者は何を身につけていますか」という質問です。

[2]「かぶきはいつ始まりましたか」という質問です。

日本語訳

ジュディ：私は日本文化に興味があります。それについて私に教えてくれませんか。

蘭：ええと，日本の伝統的な舞台芸術の 1 つであるかぶきを知っていますか。

ジュディ：いいえ，知りません。どのようなものですか。

蘭：それはおどりと音楽が含まれる演劇です。かぶきでは，すべての役者は男性です。彼らは豪華な着物を着て化粧をしています。かぶきの物語はふつう，歴史上の出来事や人々の生活についてのものです。

ジュディ：なるほど。かぶきには長い歴史がありますか。

蘭：はい。それは江戸時代に始まりました。約 400 年の歴史があります。かぶきを見たいですか。

ジュディ：はい，見たいです！

❹ 読まれた英文

Kinkakuji Temple is very famous in Japan. It became a World Heritage Site in 1994. In winter, it is often covered with snow. It's very beautiful, so please visit it in winter.

読まれた英文の日本語訳

金閣寺は日本でとても有名です。1994 年に世界遺産になりました。冬には，それはしばしば雪におおわれます。とても美しいので，ぜひ冬にそれを訪れてくださいね。

56 学校でハワイ出身の先生と話す

本冊 p.114

❶ (1) ハワイ　(2) ハワイの
(3) 州都　(4) 島
(5) フラダンス　(6) 4月　(7) 5月
(8) 平均の　(9) 住む　(10) 包む

❷ (1) あなたはハワイのどこの出身ですか。
(2) How many　(3) ウ

❸ (1) ハワイはいつも暖かいですか。
(2) 寒い気候［天気］が好きではないから。
(3) 肉や魚，葉　(4) ア

❹ traditional，dance，sister

解き方

❷ (2) 直後でヤング先生が島の数を答えているので，「いくつの…」と数をたずねる **How many** を入れればよいと判断できます。

(3) 日本語訳 を確認しましょう。

日本語訳

陽奈：あなたはハワイのどこの出身ですか。

ヤング先生：ホノルル出身です。

陽奈：ハワイの州都ですよね。ハワイにはいくつの島があるのですか。

ヤング先生：8 つの主要な島があります。ホノルルはオアフ島にあります。

❸ (1) ここでの **It** は天候を表す **it** なので，「それ」と訳さないことに注意しましょう。

(2) 6～7行目の透哉の発言に着目します。

(3) 9行目に「それがラウラウです」とあるので，その直前の文でラウラウの説明をしていると判断できます。

(4) 日本語訳 を確認しましょう。

日本語訳

透哉：ハワイはいつも暖かいですか。

リー先生：はい，暖かいです。夏と冬の 2 つの季節があります。夏は 5 月から 10 月までで，平均気温は 28 度です。冬は 11 月から 4 月までで，平均気温は 24 度です。
透哉：すばらしいですね！　ぼくは寒い気候が好きではないので，ハワイに住みたいです。ハワイの伝統的な食べ物は何ですか。
リー先生：えっと，私たちは肉や魚を葉で包んで，焼いたり蒸したりします。それがラウラウです。
透哉：おいしそうですね。ぼくはいつかそれを食べてみたいです！

❹ 読まれた英文

Kei: Ms. Millar, you are from Hawaii, right? Please tell me about Hawaiian culture.
Ms. Millar: Well, we have the hula. It's a traditional Hawaiian dance.
Kei: I know a little about it. Can you dance it?
Ms. Millar: No, but my sister can. She dances it for tourists.

読まれた英文の日本語訳

圭：ミラー先生，あなたはハワイ出身ですよね。ハワイの文化について教えてください。
ミラー先生：えっと，私たちにはフラダンスがあります。それは伝統的なハワイのダンスです。
圭：それについては少しだけ知っています。あなたはそれをおどることができますか。
ミラー先生：いいえ，でも私の姉はおどることができます。彼女は観光客のためにそれをおどっています。

57 世界の友だち❶

本冊 p.116

❶ (1) 中国　(2) 中国の，中国語(の)
(3) 制服　(4) 体操服
(5) 昼休み　(6) …の長さがある
(7) …の前に　(8) 便利な
(9) …と違って　(10) 昼寝をする
❷ (1) **World Heritage Sites**
(2) 万里の長城　(3) ウ
❸ (1) イ　(2) 体操服，制服
(3) 昼休み，昼寝
(4) ア ×　イ ○
❹ 21，家族(と)旅行

解き方

❷ (1) 渉の「中国にはたくさんの世界遺産がありますよね」という発言を受けているので，世界遺産の数について話していると判断できます。
(2) 直前のユーシーの発言に着目します。
(3) 日本語訳 を確認しましょう。

日本語訳

渉：中国にはたくさんの世界遺産がありますよね。
ユーシー：はい。50以上あります。万里の長城は特に人気があり，多くの人々がそこを訪れます。北京からそこに行くことができます。それは約20,000キロメートルの長さがあります。

❸ (2) 直前のイーチェンの発言に着目します。
(3) 7行目と9～10行目から，中国の学校では長い昼休みに昼寝をしていたこと，今の日本の学校では昼休みが50分しかないことがわかります。よって，昼休みに昼寝ができないことが，眠くなる理由だと判断できます。
(4) 日本語訳 を確認しましょう。

日本語訳

沙月：日本の学校生活は，中国のものと違っていますか。
イーチェン：はい。中国の学校の制服は，日本のものと違っています。ぼくたちの学校の制服は体操服のような見た目でした。ぼくたちはそれを着て，体育の授業やほかの授業を受けていました。
沙月：体育の授業の前に着がえる必要がなかったんですね。私には便利そうに思えます。ほかに何かありますか。
イーチェン：ぼくたちの学校は2時間の昼休みがありました。
沙月：そんなに長かったのですか。生徒たちは昼休みをどのように過ごすのですか。
イーチェン：家で昼食を食べたり，昼寝をしたりします。今，ぼくは昼休みが50分間しかありません。ぼくは午後は眠いです。

❹ 読まれた英文

Katsuki: How do you spend the New Year in China?

Zihan: Chinese New Year doesn't start on January 1. It starts on any day between January 21 and February 20.

Katsuki: Really? I didn't know that. What do people do during the Chinese New Year?

Zihan: Many people travel with their family.

読まれた英文の日本語訳

克樹：中国ではどのように正月を過ごすのですか。

ズハン：中国の正月は1月1日に始まらないんですよ。1月21日から2月20日の間のいずれかの日に始まるんです。

克樹：本当ですか。それは知りませんでした。人々は中国の正月の間，何をするのですか。

ズハン：多くの人々は家族といっしょに旅行します。

58 世界の友だち❷

本冊 p.118

❶ (1) インド　(2) インドの
(3) 豚肉　(4) とり肉
(5) 宗教(上)の　(6) 理由
(7) 菜食主義者[ベジタリアン]
(8) 言語　(9) 単語，ことば
(10) 驚くべき

❷ (1) **the curry at this restaurant**
(2) **Is beef or pork in it**
(3) ウ

❸ (1) インドにはいくつの言語がありますか。
(2) 自分たちが日常生活でヒンディー語の単語を使っているということ。
(3) ［1］ **He speaks Hindi.**
［2］ **Yes, they do.**
(4) ア ×　イ ×

❹ くもり，雨，9

解き方

❷ (1) 直前の海斗の発言に着目します。
(2) 疑問文なので，**Is** で文を始めます。beef or pork を主語にして，そのあとは場所を表す in it を続けます。it はカレーを指しています。
(3) **日本語訳** を確認しましょう。

日本語訳

海斗：このレストランのカレーはとてもおいしいです。あなたはそれを気に入るでしょう。

アニカ：牛肉や豚肉はそれに入っていますか。私は宗教上の理由でそれらが食べられません。

海斗：彼らはチキンカレーや菜食主義者向けのカレーも提供しています。

❸ (1) **how many ...** は「いくつの…」という意味です。直前のサイの発言から，it はインドを指していると判断できます。
(2) 直前の内容を指しています。
(3) ［1］「サイはインドでは何語を話しますか」という質問です。
［2］ いくつかの日本語の単語はヒンディー語から来ていますか」という質問。
(4) **日本語訳** を確認しましょう。

日本語訳

朱里：インドの人々は英語を話しますか。

サイ：話す人もいますが，インドにはほかの言語もあります。

朱里：インドにはいくつの言語がありますか。

サイ：22の公用語があります。ぼくはヒンディー語を話します。インドの人々の約40%がそれを話します。

朱里：わあ，インドにはそんなにたくさんの言語があるんですね。私はヒンディー語を知りません。

サイ：たぶんあなたはいくつかのヒンディー語の単語を知っています。シャンプーやパジャマのように，いくつかの英単語はヒンディー語から来ています。そして日本語にもヒンディー語由来の単語があります。その1つがだるまです。

朱里：本当ですか。私たちは日常生活でヒンディー語の単語を使っていたんですね。それは驚くべきことです！

❹ **読まれた英文**

Darsha: Hi, Yuta. How is the weather in your city?

Yuta: Hi, Darsha. It's cloudy today. How about your city?

Darsha: It's rainy. In my country, it's the

rainy season now.

Yuta: Rainy season?

Darsha: Yes. We have the rainy season from June to September. It rains a lot during the season.

読まれた英文の日本語訳

ダーシャ：こんにちは，裕太。あなたの市の天気はどうですか。

裕太：こんにちは，ダーシャ。今日はくもりです。あなたの市はどうですか。

ダーシャ：雨です。私の国では，今は雨季なんです。

裕太：雨季？

ダーシャ：はい。私たちは6月から9月まで雨季があります。その季節の間は雨がたくさん降ります。

59 世界の友だち③

本冊 p.120

❶ (1) ブラジル (2) ブラジルの
(3) カーニバル (4) サンバ
(5) 強い (6) 弱い (7) 国
(8) 大きい (9) 時差 (10) …の数

❷ (1) 私たちのチームに参加してくれますか。
(2) バレーボール (3) イ

❸ (1) **What time is it in**
(2) **eight**
(3) 生徒数が多いから。
(4) **[1] She goes to school at one (in the afternoon).**
[2] No, she doesn't[does not].

❹ **carnival, beaches**

解き方

❷ (1) **Can you …?** で「…してくれますか」と依頼を表します。

(2) 直前の文に着目します。

(3) 日本語訳 を確認しましょう。

日本語訳

誠：ブラジル代表のサッカーチームはとても強いですよね。ぼくはサッカーが大好きです。ぼくはサッカー部に所属しています。ぼくたちのチームに参加してくれますか。

ダニエル：ぼくはサッカーは好きですが，プレーはしないんです。ぼくはバレーボール部に入りたいです。それもぼくの国で人気のあるスポーツです。

❸ (1) **What time**「何時に」で文を始め，時間を表す **it** を主語にして **be** 動詞の疑問文の語順を続けます。

(2) 直後に「私たちには12時間の時差があります」とあります。1行目から，日本は夜の8時なので，ブラジルは朝の8時になります。

(3) 7～8行目の「(だから，)学校は学校の時間を分けています」が下線部と同じことを意味しているので，その直前が理由にあたります。

(4) [1]「ジュリアは何時に学校に行きますか」という質問です。

[2]「ジュリアはいつも午前中にお母さんを手伝いますか」という質問です。

日本語訳

希美：今は夜の8時です。ブラジルは何時ですか。

ジュリア：朝の8時です。私たちには12時間の時差があります。

希美：あなたはそろそろ学校に行くのですか。

ジュリア：いいえ，行きません。私は午後1時に学校に行きます。ブラジルの多くの学校では，生徒たちは午前中に学校に行っても，午後に行ってもいいんです。生徒の数が多いので，学校は学校の時間を分けています。

希美：本当ですか。あなたはふつう午前中は何をするのですか。

ジュリア：ふつう家で勉強します。ときどき友だちとビーチバレーをしたり，母を手伝ったりします。

❹ **読まれた英文**

Chisa: Pedro, where in Brazil are you from?

Pedro: I'm from Rio de Janeiro.

Chisa: Rio de Janeiro! It's famous for its carnival, right?

Pedro: That's right. But it is also famous for its beautiful beaches.

読まれた英文の日本語訳

千沙：ペドロ，あなたはブラジルのどこの出身ですか。
ペドロ：ぼくはリオデジャネイロ出身です。
千沙：リオデジャネイロ！　カーニバルで有名ですよね。
ペドロ：その通りです。でも，美しい浜辺でも有名なんですよ。

60 まとめのテスト③

本冊 p.122

❶ (1) 動画　(2) 地元の　(3) 言語
(4) 暖かい　(5) おじ　(6) **post**
(7) **uniform**　(8) **sightseeing**
(9) **bridge**　(10) **culture**

❷ (1) **in Yokohama**　(2) **of**
(3) **Thanks for your e-mail**
(4) イ

❸ (1) それは子ども(たち)のための伝統的な日本の祝日です。
(2) **[1] It's[It is, Her birthday is] May 6.**
[2] They wish for children's happiness.
(3) ア ×　イ ○　ウ ○

❹ 兄[弟]，E メールを送る

解き方

❷ (1) 泰士が今いる場所を表しています。
(2) **many kinds of …** で「たくさんの種類の…」という意味です。
(3) **Thanks for ….** で「…をありがとう」という意味です。
(4) **日本語訳** を確認しましょう。

日本語訳

泰士：こんにちは，ソフィア。ぼくは今，家族と横浜を旅行しています。今日，ここは晴れています。あなたは横浜中華街を知っていますか。そこにはたくさんのレストランがあるので，ぼくたちは小籠包や肉まんなど，たくさんの種類の中華料理を楽しんでいます。あなたの旅行はどうですか。
ソフィア：こんにちは，泰士。E メールをありがとう。広島も晴れています。私はホストファミリーといっしょに宮島にある厳島神社を訪れています。その神社は世界遺産です。それは海の上にあって，とても美しいです。

❸ (2) [1]「舞の誕生日はいつですか」という質問です。
[2]「人々はこどもの日に何を願いますか」という質問です。
(3) **日本語訳** を確認しましょう。

日本語訳

ルーカス：舞，あなたの誕生日はぼくの誕生日の次の日ですね。ぼくの誕生日は 5 月 5 日なんです。
舞：おお，こどもの日ですね。
ルーカス：それは何ですか。
舞：子どものための伝統的な日本の祝日です。1948 年までは端午の節句でした。私たちはこいのぼりを揚げて，子どもの幸福を願います。それらはコイのような見た目です。コイは男の子の象徴なんです。
ルーカス：なるほど。その日には何か特別な食べ物を食べるのですか。
舞：かしわもちとちまきを食べます。それらは伝統的な和菓子です。もちを葉っぱで包みます。

❹ **読まれた英文**

Meg: Hello?　This is Meg White.　May I speak to Yudai?
Yudai's brother: Hi, Meg.　This is his brother.　He is out now.　Can I take a message?
Meg: No, thank you.　I can send an e-mail to him later.

読まれた英文の日本語訳

メグ：もしもし。私はメグ・ホワイトです。雄大さんをお願いします。
雄大の兄：こんにちは，メグ。雄大の兄です。彼は今，外出しています。伝言を預かりましょうか。
メグ：いいえ，結構です。あとで彼に E メールを送れますから。

チャレンジテスト❶

本冊 p.124

1 (1) **old**

(2) 私は日本語を少し話すことができます。

(3) **What do you do on weekends**

2 (1) **Where**　(2) **to**　(3) ア

3 (1) **the fireworks festival**

(2) **[1] He wants to go swimming in the sea.**

[2] Yes, she does.

(3) ア ×　イ ×

4 本を読む，テニスをする

解き方

1 (1) **... years old** で「…歳」という意味です。

(2) **a little** は「少し」という意味です。

(3) 疑問詞の **What** で文を始め，一般動詞の疑問文の語順〈**do** ＋主語＋動詞**...?**〉を続けます。

日本語訳

こんにちは，みなさん。私の名前はエマ・アダムズです。アダムズ先生と呼んでください。私はイギリスのロンドン出身です。30 歳です。私は日本語を少し話すことができます。私は日本文化が好きです。週末によく寺社を訪れます。あなたたちは週末に何をしますか。私に教えてください！　あなたたちのことが知りたいです。ありがとうございました。

2 (1) ジャックが出身地を答えているので，場所をたずねる **Where** を入れます。

(2) **belong to ...** で「…に所属している」という意味です。

(3) 日本語訳 を確認しましょう。

日本語訳

信二：恵美，こちらはジャックです。彼はぼくのクラスメートです。ジャック，こちらは恵美です。

恵美：はじめまして，ジャック。あなたはどこの出身ですか。

ジャック：ぼくはオーストラリア出身です。あなたは何部に所属していますか。

恵美：私は美術部に所属しています。信二と私は同じ部活に所属しているんです。

3 (1) 直前のアンディの発言に着目します。

(2) [1]「アンディは今年の夏に何をしたがっていますか」という質問です。

[2]「美香子は彼女の家族といっしょに新潟に行きたがっていますか」という質問です。

(3) 日本語訳 を確認しましょう。

日本語訳

アンディ：ぼくは今年の夏は海に泳ぎに行きたいです。あなたはどうですか，美香子。何か夏休みの予定はありますか。

美香子：はい。私は姉と兄といっしょに新潟に行きたいです。

アンディ：そこで何をしたいのですか。

美香子：新潟の長岡ではとても大きな花火大会があります。そこでは約 20,000 発の花火を見ることができます。

アンディ：それはすばらしいですね。あなたは毎年その花火大会に行くのですか。

美香子：いいえ。それは私にとって初めてです。私は昨年の夏，SNS でそれの動画を見ました。とても美しかったです。

4 読まれた英文

Shu: I like reading books. Nancy, do you usually read books?

Nancy: No, I don't. I don't like reading books very much. I like watching TV. I often watch tennis on TV.

Shu: Oh, do you like tennis? I like playing it. How about you?

Nancy: Me, too.

読まれた英文の日本語訳

修：ぼくは本を読むことが好きです。ナンシー，あなたはふだん本を読みますか。

ナンシー：いいえ，読みません。私は本を読むことがあまり好きではありません。テレビを見ることが好きです。よくテレビでテニスを見ます。
修：おお，あなたはテニスが好きなのですか。ぼくはテニスをするのが好きです。あなたはどうですか。
ナンシー：私もです。

チャレンジテスト❷

本冊 p.126

1 (1) **favorite** (2) **T-shirt** (3) **I**
2 (1) **How** (2) 映画館 (3) ウ
3 (1) 科学者になること。
(2) 私はよく私の妹の世話をします。
(3) ［1］ **They have five (classes).**
［2］ **Yes, he does.**
(4) ア ○ イ ×
4 (1) 5 (2) 合唱コンクール

解き方

1 (1) 直前で何色が好きかとたずねられているので，「ぼくのお気に入りの色」とします。
(2) **one** は前に出た名詞の代わりに用いられます。どの色のTシャツを買うかについて話している場面なので，ここでは one が T-shirt の代わりに使われていることがわかります。
(3) ゲイリーが，俊哉が買うつもりであるTシャツと同じデザインのTシャツを買おうとしていると判断できるので，主語はゲイリー自身になります。**Can I ...?** は「…してもいいですか」という意味です。

日本語訳

俊哉：このTシャツのデザインはかっこいいですね。ぼくは新しいTシャツがほしかったんです。
ゲイリー：たくさんの色の選択肢がありますよ。あなたは何色が好きですか。
俊哉：ぼくのお気に入りの色は青です。青のを買いたいです。
ゲイリー：ぼくも同じデザインのTシャツを買ってもいいですか。ぼくは黒が好きなので，黒のを買いたいです。
俊哉：もちろん！ レジに行きましょう。

2 (1) 直後で交通手段を答えているので，**手段をたずねる How** を入れます。
(2) 直前のクレアの発言に着目します。
(3) 日本語訳 を確認しましょう。

日本語訳

クレア：あなたはふだん，どうやって映画館に行きますか。
理沙：ふだんは自転車でそこへ行きますが，今日は雨が降っています。バスに乗りましょう。私たちの家からバス停まで，5分歩きます。
クレア：わかりました。次のバスは10時10分に出発するので，10時に家を出ましょう。

3 (1) 直前の仁の発言に着目します。
(2) **take care of ...** は「…の世話をする」という意味です。
(3) ［1］「仁とモニカは今日，いくつ授業がありますか」という質問です。
［2］「仁は一生懸命に理科を勉強しますか」という質問です。
(4) 日本語訳 を確認しましょう。

日本語訳

仁：おはよう，モニカ。今日は水曜日です。ぼくたちは国語，数学，体育，音楽，そして理科があります。
モニカ：いいですね。私は数学が大好きです。あなたは何の教科が好きですか。
仁：ぼくは理科が好きです。ぼくは科学者になりたいんです。
モニカ：それはすばらしい夢ですね！ あなたはとても一生懸命に理科を勉強しているので，よい科学者になれるでしょう。
仁：ありがとう，モニカ。あなたの夢は何ですか。
モニカ：私は保育士になりたいです。私はよく私の妹の世話をします。

4 読まれた英文

David: What school event do we have in May?

Haruka: We have a field day.

David: I see. By the way, I like singing. Do we have a chorus contest?

Haruka: Yes, we do. We have it in October.

読まれた英文の日本語訳

デイヴィッド：5月は何の学校行事がありますか。

遥香：運動会があります。

デイヴィッド：わかりました。ところで，ぼくは歌うことが好きです。合唱コンクールはありますか。

遥香：はい，あります。それは10月にあります。